$3\frac{1}{2}$ d

RECUEIL
INTÉRESSANT,

Sur l'affaire de la mutilation du CRUCIFIX D'ABBEVILLE, arrivée le 9 Août 1765, & sur la mort du Chevalier DE LA BARRE.

POUR SERVIR

DE SUPPLEMENT
AUX CAUSES CELEBRES.

A LONDRES.

1776.

AVANT-PROPOS

DE

L'EDITEUR ANGLAIS.

Nous entreprenons de donner un Recueil complet de tout ce qui a paru dans le public fur la malheureufe affaire d'Abbeville en France. Nous le donnons fans aigreur, fans partialité, à charge & à décharge. Nous mettons les pièces fur le Bureau, comme féroit le Rapporteur le plus exact. Les vues d'équité qui nous animent, l'ar-

deur que nous avons à fai-
fir par-tout la vérité, nous
ont engagés à nous procurer
fur les lieux des correfpon-
dances fûres & refpectables
qui, ayant été à portée de
pénétrer le fecret de la procédure criminelle, fe font
donnés la peine de vérifier,
de rectifier tout ce qui a déjà été imprimé, & fe font
empreffés même de nous
fournir des matériaux in-
connus, très-précieux, &
des anecdotes neuves très-
intéreffantes & très-pro-
pres à jetter le plus grand
jour fur toutes les parties
de ce fameux procès. Nous

croyons pouvoir affurer que l'horreur & l'indignation, jufte ou non jufte, que la majeure partie de l'Europe montre encore aujourd'hui contre le jugement qui a condamné au feu les deux jeunes coupables, fe retrouve à Abbeville même, dans toute la partie faine, éclairée & nombreufe des honnêtes gens de cette Ville confidérable. On nous a fait même remarquer que lorfque les cendres du Chevalier de la Barre fumoient encore, il parut ouvertement dans cette Ville une Hiftoire très-philofophique du

Comté de Ponthieu, dont
elle eſt la Capitale, dans laquelle, par une ſorte de diſ-
greſſion, on trouve ce paſ-
ſage : ,, les Français aſſiegés
,, dans Sueſſe par les Eſpa-
,: gnols, étoient prêts à ſe
,, rendre par la diſette d'eaü
,, douce ; des Sorciers traî-
,, nent le Crucifix par les
,, rues, lui diſant mille inju-
,, res & blaſphêmes, & le
,, jettent à la mer. Après
,, cette cérémonie déteſta-
,, ble, il tomba, dit-on,
,, une pluie ſi violente, que
,, les Eſpagnols furent obli-
,, gés de lever le ſiège. Et
,, qu'on ne croie point que

„ c'étoit ici une chofe extra-
„ ordinaire : non, cette cou-
„ tume de traîner les Cruci-
„ fix & les images en la ri-
„ viere, pour avoir de la
„ pluie, fe pratiquoit en-
„ core en Gafcogne ; je l'ai
„ vû faire à Touloufe, dit
„ l'Auteur cité, en plein
„ jour, par les petits en-
„ fans, qui appellent cela la
„ *Tire-maffe*". L'Auteur de
l'Hiftoire ajoûte à ceci quelques réflexions remarqua-
bles : „ C'étoit donc dans
„ cette même Ville (Tou-
„ loufe) où l'on a fait juf-
„ qu'ici une proceffion cha-
„ que année en action de

„ graces du meurtre de six
„ mille Proteftants, & où
„ l'innocence expira de nos
„ jours fous les coups du fa-
„ natifme, que l'on infultoit
„ fi horriblement à la Divi-
„ nité. C'eft dans le même
„ tems où l'on brûloit les
„ Sorciers, que fe commet-
„ toient avec appareil ces
„ horreurs impunies & par
„ conféquent autorifées &c.

Il réfultoit de cette expo-
fition une réflexion plus fra-
pante encore fur-tout dans
les circonftances, & que
l'Auteur laiffoit faire, c'eft
qu'il fembloit qu'on pût reprocher aux dévots d'avoir

été bien plus loin par fuperftition , qu'on n'avoit fait à
Abbeville par incrédulité ,
& d'avoir puni tout récem-
ment par le dernier fupplice
une infulte que , quoique
bien plus grave , la piété cé-
lébroit deux fiècles auparavant
par des éclats bruyans,
&c.

Mais ces autres réflexions
qui terminoient cette Hiftoire , fembloient encore
plus directes : ,, Puiffe l'Hif-
,, torien qui nous fuivra,
,, n'avoir plus à peindre les
,, horreurs des guerres civi-
,, les , ni les fuites peut-être
,, plus cruelles du fanatifme.

„ Puiffe-t-on ne plus voir
„ les Citoyens d'une même
„ Ville, divifés fe profcrire
„ & chercher dans les fe-
„ crets de la Religion des
„ motifs de cruauté & de
„ vengeance qui la désho-
„ norent ".

Nous ignorons fi le Juge
d'Abbeville fe fit l'application de ces réflexions ; mais
ce qu'il y a de certain, c'eft
qu'il fit folliciter vivement à
Paris, la fuppreffion de cette Hiftoire. Elle trouva heu-
reufement dans le Secretaire du Magiftrat qui préfidoit
alors à la Librairie, & dans
les lumieres mêmes de ce

Magiſtrat, un appui ſolide.

On ne doit donc pas croi-
re que la Ville où expira le
Chevalier de la Barre, fût
alors dépourvue de connoiſſances & de Philoſophie.
Athènes n'en manquoit pas
lorſque les *Thermes* y furent
mutilés, & peut-être ne peut-
on rien trouver de ſi ſem-
blable à l'affaire du Crucifix
d'Abbeville, que celle des
Thermes d'Athènes, ſi l'on
veut y faire attention, en
laiſſant toutefois à part la
vérité des objets du culte
Catholique, comme on le
doit. Nous allons mettre nos
Lecteurs à portée d'en faire

la comparaifon avec nous.

Les *Thermes*, ou Statues
de Mercure, faites de pierre
d'une figure quarrée, qu'on
plaçoit devant les portes des
maifons, furent toutes dé-
truites ou mutilées en une
nuit. Ce facrilège caufa dans
Athènes un très grand trouble. La vengeance en fut
pourfuivie avec éclat, & on
reçut les dépofitions mêmes
des étrangers & des efclaves
fans qu'on pût pour cela déchirer le voile qui couvroit
cet attentat. Mais les ennemis d'Alcibiade profiterent
de cette circonftance pour
le perdre. Quelques arti-

fans obfcurs, féduits par un
nommé Androcles, l'un des
Démagogues, dépofent que
quelque tems avant cet éve-
nement, les facrés myftères
avoient été profanés par une
troupe de jeunes Libertins,
dans l'yvreffe, & qu'Alcibiade qui étoit du nombre,
avoit lancé les farcafmes
les plus amers contre les
Dieux, & leurs adorateurs.
Alors, on recherche la vie
licencieufe du jeune Athé-
nien; on la donne en preuve de l'infulte faite aux Termes; on le cite devant les
Magiftrats. Un des complices, nommé Andocidas, s'a-

voue coupable du crime ; on
lui pardonne. Mais comme
il faut & au peuple & aux
Dieux outragés une victi-
me, on condamne à la mort
tous ceux qu'Andocidas ac-
cuse d'impiété, & Alcibiade
lui-même, disciple de So-
crate, Général de l'armée,
est forcé de s'exiler chez les
Spartiates, pour se dérober
à ces condamnations.

Ainsi, à Athènes comme
à Abbeville, même éve-
nement. La mutilation des
Statues dont on n'a jamais
découvert les Auteurs, a
donné lieu à d'autres re-
cherches, à d'autres plain-

tes : à Abbeville comme à
Athènes, on reçut des dépofitions à l'infini. Ces dépofitions dans l'une & l'autre
Ville , dans l'une & l'autre
région , dans l'un & l'autre
fiècle , annoncèrent d'autres
impiétés commifes dans l'y-
vreffe , & pour lefquelles le
fupplice fut ordonné. Enfin
à Abbeville comme à Athè-
nes , la vengeance parti-
culière influa beaucoup fur
le jugement. De la Barre fut
chargé par la haine comme
Alcibiade , tant il femble
que les crimes les plus fin-
guliers fe reproduifent de
loin en loin , & femblent

participer aux mêmes loix
générales qui perpétuent le
mouvement de la Nature
entiére.

Nous autres Anglais à qui
on reproche avec raifon les
maffacres d'Irlande, & tant
d'autres barbaries qui ne le
cedent peut - être pas aux
barbaries fanatiques des autres Nations, nous nous glo-
rifierons du moins d'avoir vû
luire dans notre Iſle le beau
jour de la Philoſophie depuis qu'il nous éclaire, ſans
ces nuages affreux qui l'ont
obſcurci dans la France &
dans la Gréce. C'eſt en
France, il eſt vrai, que le

célèbre Montefquieu a dit : *honorez la Divinité , & ne la vengez jamais.* Mais c'eft en Angleterre que ce trait de lumière ne fera pas perdu , que cette autre maxime de Ciceron : *Deorum injuriæ , Diis curæ ,* demeurera gravée dans le cœur de tous nos Magiftrats , & infcrite dans tous nos livres de jurifprudence, au mot , LEZE-MAJESTÉ DIVINE , qui occupe tant de place dans le Code de Jurifprudence des Nations voifines.

L'ordre que nous avions à fuivre dans ce Recueil, nous étoit indiqué par celui

des faits. Nous préfentons
les pièces felon le tems où
elles fefontproduites. Nous
les lions les unes aux autres
par quelques réflexions,
quand nous le croyons né-
ceffaire. C'eft une hiftoire
que nous écrivons par ce
moyen, en apportant à chaque inftant les pièces jufti-
ficatives.

RECUEIL

RECUEIL
INTERESSANT.

'USAGE de placer des Crucifix au coin des Carrefours & fur les Ponts, eft abufif fans doute. Si les Catholiques font flattés de trouver de moment en moment fur leur paffage les objets de leur vénération & de leur culte, n'eft-il pas à craindre que les Juifs, les Hérétiques, tous les Incrédules qui fréquentent ces paffages, n'y trouvent auffi fans ceffe un fujet propre à exciter leurs déclamations ? Mais cet ufage enfin paroît être ancien. Les Efclaves, à Rome, trouvoient aux pieds des Statues de leurs Empereurs, une fauve - garde contre leurs tyrans. Les vaffaux Chrétiens, dans les troubles de la féodalité, s'abrioient auprès des Crucifix, contre l'ar-

deur de leurs Seigneurs à les pourſuivre
en pleine campagne , & à les tailler en
pièces. Le même motif qui laiſſoit le
peuple Romain voir avec plaiſir ſe multiplier ſur les places publiques les Statues
que la lâcheté , la baſſeſſe du Sénat élévoit ſouvent aux plus indignes de ſes
Maîtres, put porter les peuples guerriers
de la Picardie , indépendamment d'une
piété réelle , à planter par-tout des Crucifix , comme autant de retranchemens
faciles , aſſurés contre la violence.

Les troubles de la Ligue , toutes ces
Proceſſions fanatiques , où avec le capu-
chon , le mouſquet ſur l'épaule , & la
chauſſe du tems , miſe en forme de maſ-
que ſur le viſage , on ſe repoſoit de diſtance en diſtance pour ſe déchirer le
corps à coups de fouet , ont donné lieu
depuis , d'un autre côté , à ces petits
Oratoires , à ces *Ecce Homo* , qui ſe ſont
produits dans les Villes & dans les Campagnes , à côté des Crucifix. Les Miſſionnaires Jéſuites enfin , qui ont été
introduits particulièrement par des
Evêques qui leur étoient attachés dans
cette partie de la Picardie , qui eſt du
Diocèſe d'Amiens, en affectant de cou-

ronner toujours l'œuvre de leurs Miſſions par l'élévation d'un Crucifix,
comme pour laiſſer un monument durable de leur ſéjour, ainſi que les la Con-
damine élévoient des Pyramides en par-
tant de Quitto, ont contribué encore
à multiplier les Crucifix dans cette
Province, plus peut-être que dans bien
d'autres de France. On compte dans
Abbeville quatorze à quinze Crucifix
expoſés à la vénération publique, dans
les rues, ſur les ponts. Pluſieurs ſont
dûs à ces Miſſionnaires Jéſuites dont
nous parlons, & particulièrement à un
Pere Dupleſſis, Canadien, qui fut célèbre dans cette Société. Celui dont il va
être ici queſtion, étoit placé ſur le pont-
neuf d'Abbeville, à peu d'élévation ;
& en le retirant mutilé de ce lieu, pour
le placer dans un lieu ſaint, on l'a rem-
placé par un autre Crucifix. Voici les
deux Plaintes qui, de la part du Mi-
niſtère public, ont commencé l'inſtruction de la fameuſe affaire de cette mutilation.

PREMIERE PLAINTE.

Du 10 Août 1765.

A Tous ceux qui ces préfentes Lettres verront: Benoît-Alexandre, Comte
DE MONCHY, Chevalier, Baron
de Vifmes, Seigneur de Sailli, Flibau-
court & autres lieux, Sénéchal du Pays
de Ponthieu : SALUT. Savoir faifons
que, vû la Plainte à nous préfentée ce-
jourd'hui par le Procureur-du-Roi, ex-
pofitive, qu'ayant pris communication
du procès-verbal par nous dreffé cejour-
d'hui, il auroit appris que la nuit du 8
au 9 de ce mois, un ou plufieurs particuliers auroient pouffé l'infolence &
l'impiété au point de mutiler le Crucifix qui fe trouve placé fur le milieu du
pont - neuf de cette Ville ; qu'ils auroient fait au-deffous de l'eftomac, du
côté gauche du Crucifix & un peu plus
bas, quatre coupures ou incifions avec
un inftrument long & tranchant, tel
que fabre ou couteau de chaffe ; qu'ils
auroient fait en outre, avec le même

inſtrument, à la jambe droite, trois
coupures ou inciſions de plus d'un pouce
de longueur, & de trois ou quatre li-
gnes de profondeur ; qu'il a appris en
outre qu'ils ſe ſont enſuite rendus dans
le Cimetière de Sainte Catherine, dans
lequel ils ont couvert d'ordures le Crucifix qui s'y trouve ; qu'il ſait enfin que
de jeunes gens ſe ſont vantés d'avoir
commis des impiétés encore plus grandes que celles ci-deſſus relatées ; &,
comme il eſt important de ne pas laiſſer
de ſemblables forfaits impunis, & de ne
rien négliger pour en découvrir les auteurs, à ces cauſes, a requis le Procureur-du-Roi qu'il nous plaiſe lui donner
acte de ſa plainte des faits ci-deſſus,
circonſtances & dépendances, lui permettre d'en faire informer pardevant
nous, même d'obtenir & faire publier
monitoire en forme de droit ; ladite
plainte ſignée Hecquet. Vu ladite plainte, nous avons donné acte de laplainte,
permis d'informer du contenu en icelle,
circonſtances & dépendances, même
d'obtenir & faire publier monitoire en
forme de droit ; ce qui ſera exécuté,
nonobſtant oppoſition ou appellation

quelconques & fans préjudice d'icelles,
attendu qu'il s'agit d'instruction. Donné
& expédié à Abbeville, pardevant nous
Nicolas-Pierre Duval, Sieur de Soicourt, Lieutenant-Particulier, Assef-
feur - Criminel en la Sénéchauffée de
Ponthieu & Siège Préfidial d'Abbeville, pour la vacance de l'Office de Lieutenant - Criminel, le 10 Août 1765.
Signé, MARCOTTE, avec paraphe,
Commis-Greffier, pour la vacance du
Greffe Criminel. Scellé *gratis*. A Abbeville le 12 Août 1765. *Signé*, Du-
MONTIER.

TEMOINS

Entendus dans l'Information du 13
Août 1765.

1 CHolet, [Denis] Perruquier.
2 Naturé, [Étienne] Maître en fait
d'Armes.
3 Duvanel, [Charles] dit la Bre-
daine, Perruquier.
4 Difembourg, [Jean - Baptiste]
Bourrelier.

5 Le Long, [Marie - Antoinette]
   femme de Racine,
6 Racine, [Pierre] Maître de Billard,
7 Bacchelier, [Jeanne-Agnès]
8 Dimpre, [Jean - Jacques] dit
   Marin, Perruquier.
9 Danzel. [Jean]
10 Le Febvre de Vadicourt. [Pierre]
11 Jolle, [Marie-Anne] femme de
   Charles le Blond.
12 Calais, [Pierre] Plaqueur.
13 Grévin, [Pierre - Ovide] Con-
   cierge de Madame de Popen-
   court.
14 Caillaud, [Paul] Revendeur de
   Meubles,
15 Mazure. [Jean]
16 Le Blond. [Louis]
17 Leuillier. [Marie-Madelaine]
18 D'Auxi, [Marie] femme de Jean
   le Febvre.
19 Hokemberg fils, [Jean] Contre-
   maître à la M. de MM. de V.
20 Dumaifniel de Belleval. [Charles-
   François]
21 Duvanel. [Madelaine]
22 Moinel. [Charles-François-Marc]

23 Cayet, [Marie - Catherine] dite
    Cayette.
24 Le Cat, [Nicolas]
25 Mauvoifin, [Pierre-Louis]
26 Geft, [Marie-Catherine-Véroni-
    que] veuve d'André Fréville.
27 Le Febvre, [Jean]
28 Formentin , [Daniel - François]
    Avocat du Roi.
29 Dumontois, [Marc-Antoine] Di-
    recteur de la Pofte.
30 Blondin , [Felix-Nicolas-Valeri]
    Seigneur de Bréville.
31 Beauvarlet , [Philippe] Sieur de
    Drucat.
32 Beauvarlet , [Philippe - Louis-
    Adrien]
33 Douville, [Pierre-Jean-François]
    Sieur de Maillefeu.
34 Becquin, [Charles-Philippe] Sei-
    gneur de Nampont.
35 Le Febvre , [François - Jean]
    Sieur de la Barre.
36 Dupont , [Louis] Caffetier.
37 Bernonville, [Marie-Barbe]
38 Contet, [Jean-Jofeph]
39 Deftré [Nicolas-Honoré]
40 Lavallée, [Lazard-Nic.] Perruq.

41 Libaude. [Antoine-Vulfran]
42 Graire. [Jean-Charles]
43 Thomas. [Pierre]
44 Heluin. [Pierre]
45 De la Porte. [Claude]
46 Legras . [Pierre] dit Desjardins;
47 Ducatel. [Théodore]
48 Bethune. [François]
49 Legrand. [Antoinette]
50 Copart. [Marie-Marguerite]
51 Ternifien. [Jean-Joffe]
52 Duflos. [Nicolas - Jean - Vulfran-
        François]
53 Lecouvée. [Antoine]
54 Dubos. [Charles]
55 Polenne. [Firmin]
56 Ricart. [Marc-Suzanne]
57 Fourdrin. [Jean]
58 Segret. [Agnès]
59 Freville , dit Bacquet.] Robert-
        François]
60 Dolliger. [Jean]
61 Dumaifniel de Belleval pere. [Char-
        les-Joseph]
62 Flamen. [Jean-Charles-Urbain]
63 Le Franc. [Marie-Louife]
64 Bloche. [Ignace]
65 Baringer. [Marie-Françoife]

66 Godart de Beaulieu, [Jean-Louis] Commandeur de l'Ordre de Malthe.

67 Levêque de Neuvillette, [Pierre-Charles - Alexandre] Capitaine d'Infanterie.

68 Aliamet de Metigni, [Nicolas-Antoine-François]

69 Maneſſier de la Vieuville, [Marie-Elizabeth]

70 Maneſſier de la Vieuville, [Marie-Madelaine-Félicité]

71 Coupe, dit Saint-Etienne, [Michel] Domeſtique de Madame l'Abbeſſe de Willancourt.

72 Vergnoles, [Jacques] Plaqueur.

73 Petignat, [Catherine] fille d'un Fabricant de métier à faire des bas.

74 Capet, [Jean-Louis] Aubergiſte.

75 Meſlier. [Jean]

76 Dumaiſniel de Saveuſe. [Pierre-François]

77 Maneſſier de Selincourt, [Jean-Baptiſte-Marie].

Pendant que le Juge inſtruiſoit le Procès, feu M. de Lamotte, Evêque

d'Amiens, Prélat d'une piété fort re-
nommée, fut vivement follicité par le
Clergé Abbevillois, par des Magiftrats
& par quelques perfonnes pieufes & de
confidération, de venir faire à Abbeville une Amende-honorable pour ap-
paifer la colère célefte. Il fe rendit à
leurs follicitations, après s'être affuré
cependant que les Corps de la Ville de-
firoient également cette démarche, &
fe trouveroient à cette cérémonie. Voici
l'Amende-honorable qu'il fit en cette
occafion.

AMENDE-HONORABLE.

Pénétré, ô mon Dieu, des outrages
que vous ont fait quelques impies, en
frappant l'image fainte de votre corps
adorable, cloué à la croix pour le falut
de tous les hommes, je vous en fais ici
une amende honorable en réparation
d'honneur.

Combien n'eft-il pas douloureux de
voir des Chrétiens qui ne doivent ce
titre précieux qu'aux mérites d'un Dieu
crucifié, porter l'ingratitude jufqu'à
l'outrager même dans fon image fur la
Croix! Ils fe font par-là rendus DIGNES

DES DERNIERS SUPPLICES en ce monde,
& des peines éternelles en l'autre ; mais
parce que nul péché n'est irrémissible
auprès de votre miséricorde , ô mon
Dieu, quand elle est sollicitée par les
mérites infinis de Notre-Seigneur JE-
SUS-CHRIST , nous réclamons cette
même miséricorde & ces mêmes mérites , pour obtenir la conversion de ceux
qui ont commis une si grande impiété. Faites leur grace, ô mon Dieu ;
changez leurs cœurs de pierre en cœurs
de chair , afin que reconnoissant leur
noirceur , ils viennent se joindre à nous
pour la pleurer & la détester ; que si
malheureusement ils endurcissent leurs
cœurs , jusqu'à ne plus écouter votre
voix , daignez recevoir en dédomma-
gement de leurs outrages, l'hommage
de notre adoration , ainsi que celui d'un
amour tendre & constant, que nous
vous promettons aux pieds de ce Christ
même , qui a été outragé. C'est dans ces
sentimens que, moyennant votre sainte
grace, nous voulons vivre & mourir ,
pour n'être jamais séparés de vous , ni
dans le tems , ni dans l'eternité. Ainsi
soit-il.

Nous Evêque d'Amiens, accordons quarante jours d'indulgence à ceux & celles qui visiteront le Christ outragé, lequel a été transporté dans l'Eglise Royale & Collégiale de Saint Vulfran, & y diront, où le *Vexilla Regis*, ou l'Amende-honorable ci-dessus, ou cinq *Pater* & cinq *Ave*, à leur choix, tous les Vendredis de l'année. Les Religieux & les Religieuses gagneront la même indulgence, en faisant les mêmes prieres à un Christ que leur Supérieur désignera. Ceux & celles qui seront retenus dans leurs maisons par leurs infirmités, à tel Christ qu'ils choisiront eux-mêmes ; le tout à perpétuité. Donné à Amiens, ce douze Septembre mil sept cens soixante-cinq. *Signé*, † LOUIS-FRANÇOIS - GABRIEL, Evêque d'Amiens. *Par Monseigneur*, MAURICE, Secretaire.

On ne sauroit nier que cette auguste cérémonie, faite pieds nuds, la corde au col, par un Evêque mort en odeur de sainteté, à laquelle le Sénéchal du Ponthieu vint exprès de sa campagne

(14)

pour affifter à la tête de fa Compagnie
& du Corps Municipal, fuivis d'un
peuple innombrable, échauffa beaucoup
les efprits. Auffi remarqua-t-on que
le Prélat avoit déjà prononcé hautement fur le fort des coupables, en difant *qu'ils s'étoient rendus dignes des der-*
niers fupplices en ce monde. Les indul-
gences que M. de Lamotte accordoit,
font du douze Septembre. Une feconde plainte fut rendue dès le lendemain
par le Miniftère public. L'information
faite fur la première n'avoit rien appris
de ce qui en faifoit l'objet. Les témoins
entendus n'avoient fait mention que de
chofes étrangéres à la mutilation dont
il s'agiffoit de découvrir les Auteurs.
Sans la Proceffion Générale, que M.
l'Evêque avoit toujours déclaré ne vouloir faire qu'autant que les Corps y
affifteroient, on auroit pu en refter là,
& laiffer ce fecret dans l'ombre dont il
étoit & eft encore couvert. Mais les
confciences étoient allarmées par le monitoire qu'on voyoit fulminer, par l'A-
mende-honorable imprimée qu'on dif-
tribuoit ; on pouvoit fe flatter d'un
meilleur fuccès en informant encore,

SECONDE PLAINTE,

Du 13 Septembre 1765.

REmontre le Procureur-du-Roi de
ce Siège, qu'il a appris qu'un jeune-
homme, demeurant en cette Ville,
ayant été voir il y a environ six semaines
ou deux mois le sieur Beauvarlet, ancien Marchand, résident actuellement
à l'Abbaye de Willancourt, ce jeune-
homme remarquant dans la chambre
dudit sieur Beauvarlet un Crucifix de
plâtre, lui demanda s'il vouloit lui vendre ce Crucifix; que le sieur Beauvarlet
lui ayant demandé ce qu'il en vouloit
faire, il répondit que c'étoit pour le
briser; qu'il a appris en outre que le
même jeune-homme, accompagné de
deux autres jeunes gens de cette Ville,
s'étant trouvé sur la Place de Saint-
Pierre le jour de la Fête-Dieu derniere,
dans le moment où la Procession du
Saint-Sacrement sortoit de l'Eglise de
Saint-Pierre, ces trois jeunes gens pas-
serent devant le Saint-Sacrement sans

B 5

ôter leur chapeau & fans fe mettre à
genoux ; & qu'ils s'en font vantés depuis, comme s'ils euffent fait une belle
action ; qu'il fait qu'il y en a d'entr'eux
qui ont tenu des difcours & fait d'autres
actions impies.

Et comme il eft effentiel , &c.

L'objet en partie de cette Plainte
n'étoit-il pas un peu vague? Informer
fur des difcours & autres actions impies ,
n'étoit-ce pas armer tous les Citoyens
les uns contre les autres ? N'étoit - ca
pas les engager à trahir les fecrets de
l'intimité , les exciter à faire une forte
de confeffion générale , non pas de
l'état de leur confcience, mais de ce
qu'ils avoient appris de celle d'autrui?
Qu'eft - ce qu'il falloit entendre d'ailleurs par des difcours & actions impies,
alors que le bruit des miracles prétendus que faifoit le Chrift mutilé,
excitoit un Peuple qui fe portoit en
foule dans le Temple où il étoit placé ;
un Peuple tumultueux, qui voyoit un
Chrift outragé roulant les yeux & faifant effort pour s'arracher de la croix ;

un Peuple qu'il fallut contenir par des
gardes? Aussi, dès que le secret de cette
plainte fut répandu, une foule de Citoyens quitterent la Ville. On sembloit
se rappeller qu'un Roi d'Espagne com-
mit une impiété en laissant échapper un
gémissement sur le sort de quelques malheureux Juifs qu'on alloit brûler dans
un Auto-da-fé, après une procession
générale, que les Inquisiteurs le condamnerent, en réparation, à se laisser
tirer trois palettes de sang, qui furent
brûlées par le bourreau. Ce qui étoit
impie à Madrid, à Goa, pouvoit
l'être alors à Abbeville? Mais parlons
ici d'après l'Ecrivain le plus célebre que
la France ait produit. Lisons les mots
IMPIE & BLASPHEME, aux
Questions sur l'Encyclopédie : l'Auteur
de ces articles ne paroît pas avoir perdu
de vue l'affaire d'Abbeville, en les ré-
digeant.

,, Quel est l'Impie? c'est celui qui
donne une barbe blanche, des pieds &
des mains à l'Etre des êtres, au grand
Demiourgos, à l'intelligence éternelle
par laquelle la nature est gouvernée.
Mais ce n'est qu'un Impie excusable.
B 6

an pauvre Impie contre lequel on ne
doit pas se fâcher.

,, Si même il peint le grand Etre in-
compréhensible porté sur un nuage qui
ne peut rien porter, s'il est assez bête
pour mettre Dieu dans un brouillard,
dans la pluie ou sur une montagne, &
pour l'entourer de petites faces rondes
joufflues enluminées, accompagnées de
deux aîles, je ris & je lui pardonne de
tout mon cœur.

,, L'Impie qui attribue à l'Etre des
êtres des prédictions déraisonnables &
des injustices, me fâcheroit, si ce grand
Etre ne m'avoit fait présent d'une raison
qui réprime ma colère. Ce sot fanatique
me répète, après d'autres, que ce n'est
pas à nous à juger de ce qui est raison-
nable & juste dans le grand Etre, que sa
raison n'est pas comme notre raison,
que sa justice n'est pas comme notre
justice. Eh ! comment veux-tu mon
fou d'énergumène, que je juge autrement de la justice & de la raison que
par les notions que j'en ai ? veux-tu que
je marche autrement qu'avec mes pieds,
& que je te parle autrement qu'avec ma
bouche ?

„ L'Impie qui suppose le grand Etre
jaloux, orgueilleux, malin, vindica-
tif, est plus dangereux. Je ne voudrais
pas coucher sous même toit avec cet
homme.

„ Mais comment traiterez-vous l'Impie qui vous dit : ne vois que par mes
yeux, ne pense point ; je t'annonce un
Dieu tyran qui m'a fait pour être ton
tyran ; je suis son bien-aimé ; il tour-
mentera pendant toute l'éternité des
millions de ses créatures qu'il déteste,
pour me réjouir ; je serai ton maître
dans ce monde, & je rirai de tes supplices dans l'autre.

„ Ne vous sentez-vous pas une déman-
geaison de rosser ce cruel Impie ? & si
vous êtes né doux, ne courez-vous pas
de toutes vos forces à l'occident, quand
ce barbare débite ses rêveries atroces à
l'orient ?

„ A l'égard des Impies qui manquent
à se laver le coude vers Alep & vers Eri-
van, ou qui ne se mettent pas à genoux devant une procession de Capucins à Perpignan, ils sont coupables
sans doute ; mais je ne crois pas qu'on
doive les empaler. "

Mais les Blasphémateurs !

Eh bien ! ,, c'est un mot grec qui signifie, *atteinte à la réputation. Blasphemia* se trouve dans *Démosthène.* Delà vient, dit Menage, le mot de *blâmer. Blasphème* ne fut employé dans l'Eglise Grecque que pour signifier *injure faite à* Dieu. Les Romains n'employerent jamais cette expression, ne croyant pas apparemment qu'on pût jamais offenser l'honneur de Dieu comme on offense celui des hommes.

,, Il n'y a presque point de synonime. *Blasphème* n'emporte pas tout-à-fait l'idée de *sacrilège.* On dira d'un homme qui aura pris le nom de Dieu en vain, qui dans l'emportement de la colere aura ce qu'on appelle *juré le nom de Dieu* ; c'est un blasphémateur ; mais on ne dira pas, c'est *un sacrilège.* L'homme sacrilège est celui qui se parjure sur l'Evangile ; qui étend sa rapacité sur les choses consacrées, qui détruit les autels, qui trempe sa main dans le sang des prêtres.

,, Les grands sacrilèges ont toujours été punis de mort chez toutes les na-

tions , & sur-tout les sacrilèges avec
effusion de sang.

„ Les blasphèmes prononcés dans l'y-
vresse , dans la colere , dans l'excès de
la débauche , dans la chaleur d'une con-
versation indiscrette, ont été soumis par
les Législateurs à des peines beaucoup
plus legères. Par exemple , un Avocat
célebre dit que les loix de France con-
damnent les simples blasphémateurs à
une amende pour la première fois , dou-
ble pour la seconde , triple pour la troisième , quadruple pour la quatrième.
Le coupable est mis au carcan pour la
cinquième récidive; au carcan encore
pour la sixième; & la lèvre supérieure
est coupée avec un fer chaud ; & pour
la septième fois on lui coupe la langue.
Il falloit ajoûter que c'est l'ordonnance
de 1666 ".

C'est à peu-près ainsi que raison-
noient , avec M. de Voltaire , quelques
personnes sans mission & sans grades ;
mais le Juge d'Abbeville , qu'un autre
motif paroissoit animer , instruisoit sans
cesse , & entendoit les témoins que
voici.

INFORMATION
Du 26 Septembre 1765.

L'Aſtérique [*] indique les Témoins réaſſignés.

1 * **N**Aturé, [Etienne] Maître en fait d'Armes.

2 Goudalier, [Urſule - Scolaſtique] femme Tirmon.

3 Maneſſier de Raimboval. [Jacques-Alexandre]

4 Dargnies de Freſne, [Jacq. Claude] Avocat.

5 Beauvarlet, [Philippe - Louis-Adrien.]

6 Laurent, [Thomas] Chirurgien.

7 * Lavallée, [Lazare-Nicolas]

8 * Dumaiſniel de Belleval pere. [Charles-Joſeph]

9 Létudier, dit la Cour, [Claude-Antoine]

10 Lefebvre, [Jeanne - Françoiſe] Tourriere.

11 * Petignat, [Joſeph] fils d'un faiſeur de métier à fabriquer des bas.

12 Tirmont, [Jacques-Antoine]

Ire Addition d'Information.

Du 28 Septembre 1765.

1 * L'Evêque de Neuvilette. [Pierre-Charles-Alexandre]
2 * Aliamet de Metigni. [Nicolas-Antoine-François.]
3 * Maneffier de la Vieville. [Marie-Elizabeth]
4 Hecquet. [Pierre-Alexandre]
4 * Maneffier de la Vieville. [Marie-Madelaine-Félicité]
6 Dumontois. [Pierre-Remi-Jean]
7 * Coupe, [dit Saint-Etienne]
8 * Vergnoles. [Jacques]
9 * Petignat. [Catherine]
10 * Dumaïniel de Saveufe. [Pi. Fr.]
11 * Maneffier de Selincourt. [Jean-Baptifte-Marie]
12 Vatier. [Antoine]

2de Addition d'Information.

Du 5 Décembre 1765.

1 V Ulf, [Benoît] ancien Directeur des Dames Religieufes de Willencourt,

2 * Lelong, [Marie - Antoinette] femme de Racine.

3 Level, [Pierre] Menuifier.

4 * Blondin de Breville, [Felix-Nicolas-Valeri].

5 Gignon, [Marie-Charlotte]

6 Verdun, [François]

7 * Racine, [Pierre]

8 Maneffier de la Vieville, [Louis-Jacques]

9 Vateblé, [Madelaine] veuve de Lattre, Cabaretiere à la Porte-lette.

10 Maton, [Pierre]

11 Petit, [Marie-Jacqueline] Tourriere aux Urfulines.

12 Lœuilliot, [Jacques-Pierre-Clément]

13 Bilhaut, dit la Brie, [Georges]

14 Civis, [Joseph] Peintre & Décorateur.

Premiere Information. . 77 Témoins.
Seconde Information. . 12.
Premiere Addition. . . 12.
Seconde Addition. . . 14.

Total. . . 115, dont 16 entendus deux fois.

C'est d'après ces informations nom-
breuses, que le Juge d'Abbeville, par
sa Sentence du 8 Octobre 1765, joi-
gnit les deux plaintes, *pour être statué
sur icelles par un seul & même jugement.*
Nous verrons que les Jurisconsultes lui
reprochèrent cette jonction : l'Arrêt du
Parlement confirma six mois après une
autre Sentence de ce Juge, qui pronon-
çoit la condamnation la plus sévère,
tandis que le ministère public, composé
de quatre Officiers éclairés, n'avoit
conclu à aucune peine capitale.

ARRET du Parlement, du 4 Juin
1766.

VU par la Cour, la Grand'Chambre
assemblée, le Procès criminel fait
par le Lieutenant-Criminel de la Sénéchaussée de Ponthieu à Abbeville, à la
requête du Substitut du Procureur-Général du Roi audit Siège, Demandeur
& Accusateur, contre Jean - François
Lefebvre, Chevalier, Sieur de la Barre,
& Charles-François-Marcel Moisnel,
défendeurs & accusés, Prisonniers ès pri-

fons de la Conciergerie du Palais à Paris;
& encore contre Gaillard d'Eftalonde,
Pierre-Jean-François Douville de Maillefeu, & Pierre-François Dumaifniel de
Saveule , auffi défendeurs & accufés ,
abfens & contumax ; lefdits Jean-François Lefebvre , Chevalier de la Barre ,
& Charles-François-Marcel Moifnel ,
appellans de la Sentence contr'eux rendue fur ledit Procès le 28 Février 1766,
par laquelle la contumace auroit été
déclarée valablement inftruite contre
Gaillard d'Eftalonde, accufé & contumax , & en adjugeant le profit d'icelle ,
il auroit été déclaré dûement atteint &
convaincu d'avoir, par impiété & de propos délibéré, paffé le jour de la Fête-
Dieu derniere , à vingt - cinq pas du
Saint - Sacrement que l'on portoit à la
Proceffion des Réligieux de Saint Pierre
de ladite Ville , fans ôter fon chapeau
qu'il avoit fur fa tête , & fans fe mettre
à genoux; d'avoir voulu acheter du fieur
Beauvarlet un Crucifix de plâtre qui
étoit dans fa chambre, & d'avoir dit
que c'étoit pour le brifer & fouler aux
pieds; d'avoir proféré les blafphêmes
énormes & exécrables contre Dieu ,

mentionnés au Procès ; d'avoir chanté
publiquement & différentes fois deux
chanſons impies & remplies de blaſphêmes les plus énormes, les plus abominables & exécrables contre Dieu, la ſainte
Euchariſtie, la ſainte Vierge, les Saints
& Saintes mentionnés au Procès ; d'a-
voir enfin un des jours de l'Eté dernier,
donné des coups de canne à un Crucifix
qui étoit alors placé ſur le pont-neuf de
ladite Ville ; pour réparation de quoi,
condamné à faire amende - honorable
devant le Crucifix placé ſur ledit Pont
& devant la principale porte de l'Egliſe
Royale & Collégiale de Saint Vulfran
de ladite Ville, où il ſeroit mené & conduit par l'Exécuteur de la Haute-Juſ-
tice, dans un tombereau ; & là, étant à
genoux, nue tête & nuds pieds, ayant la
corde au col, écriteaux devant & der-
riere portant ces mots : *Impie, Blaſphé-*
mateur & Sacrilège exécrable & abomi-
nable, & tenant en ſes mains une torche
de cire jaune ardente du poids de deux
livres, dire & déclarer à haute & intelligible voix, *que méchamment & par im-*
piété, il a paſſé de propos délibéré devant
le Saint-Sacrement ſans ôter ſon chapeau,

& *sans se mettre à genoux*; a *proféré les*
blasphêmes contre Dieu mentionnés au
Procès; a *chanté les deux chansons rem-*
plies de blasphêmes exécrables & abomi-
nables contre Dieu, la sainte Euchariftie,
la sainte Vierge, les Saints & les Saintes,
mentionnés au Procès; & a *donné des*
coups de canne sur le Crucifix qui étoit sur
le pont-neuf de ladite Ville, dont il se re-
pent, demande pardon à Dieu, au Roi &
à Justice; & audit dernier lieu avoir la
langue coupée, & le poing coupé fur un
poteau qui fera planté devant lad. porte
de ladite Eglife; ce fait, conduit dans
ledit tombereau dans la Place publique
& principal Marché de ladite Ville,
pour y être attaché avec une chaîne de
fer à un poteau qui y fera à cet effet
planté, & brûlé vif, son corps réduit en
cendres, & icelles jettées au vent, tous
fes biens acquis & confifqués au profit
du Roi, ou à qui il appartiendroit, fur
iceux préalablement pris la fomme de
deux cens livres d'amende envers ledit
Seigneur Roi, au cas que confifcation
n'eût lieu à fon profit; & feroit ladite
Sentence, en ce qui regardoit ledit Gaillard d'Eftalonde, accufé, contumax,

exécutée par effigie en un tableau qui feroit attaché par l'Exécuteur de la Haute-
Juſtice, à un poteau qui ſeroit à cet effet
planté ſur ladite Place ; en ce qui tou-
choit Jean-François Lefebvre, Chevalier de la Barre, il auroit été déclaré
dûement atteint & convaincu d'avoir
par impiété & de propos délibéré, paſſé
le jour de la Fête-Dieu derniere à vingt-
cinq pas du Saint-Sacrement que l'on
portoit à la Proceſſion des Religieux de
Saint-Pierre de ladite Ville, ſans ôter
ſon chapeau qu'il avoit ſur la tête, &
ſans ſe mettre à genoux ; d'avoir proféré
les blaſphêmes énormes & exécrables
contre Dieu, la ſainte Euchariſtie, la
ſainte Vierge, la Religion & les Commandemens de Dieu & de l'Egliſe,
mentionnés au Procès ; d'avoir chanté
les deux chanſons impies & remplies
de blaſphêmes les plus énormes, les
plus exécrables & abominables contre
Dieu, la ſainte Euchariſtie, la ſainte
Vierge & les Saints & Saintes, mentionnés au Procès ; d'avoir rendu des
marques de reſpect & d'adoration aux
Livres infames & impurs qui étoient
placés ſur une planche dans ſa chambre,

en faifant des genuflexions, en paffant
devant, & difant, qu'on devoit faire des
genuflexions lorfque l'on paffoit devant
le Tabernacle ; d'avoir profané le figne
de la Croix, en faifant ce figne, en fe
mettant à genoux, & prononçant les
termes impurs mentionnés au Procès ;
d'avoir profané le Myftère de la confé-
cration du vin, l'ayant tourné en déri-
fion, en prononçant à voix demi-baffe
& à différentes reprifes, deffus un verre
de vin qu'il tenoit à la main, les termes
impurs mentionnés au Procès, & bu
enfuite le vin ; d'avoir profané les Bénédictions en ufage dans l'Eglife & chez
les Chrétiens, en faifant des croix & des
bénédiction avec la main fur différentes
chofes, en prononçant les termes impurs mentionnés au Procès ; d'avoir enfin propofé au nommé Petignot, qui
fervoit la Meffe, & étant auprès de lui
au bas de l'Autel, de bénir les burettes,
en prononçant les paroles impures men-
tionnées au Procès ; pour réparation de
quoi, condamné à faire amende-honorable devant la principale porte de l'E-
glife Royale & Collégiale de Saint Vulfran de ladite Ville d'Abbeville, où il
feroit

seroit mené & conduit par l'Exécuteur
de la Haute-Justice, dans un tombereau ; & là, étant à genoux, nue tête
& nuds pieds, ayant la corde au col,
écriteaux devant & derrière portant ces
mots : *Impie, Blasphémateur & Sacri-*
lége execrable & abominable, & tenant
en ses mains une torche de cire jaune
ardente du poids de deux livres, dire &
déclarer à haute & intelligible voix, *que*
méchamment, & par impiété, il a passé
de propos délibéré devant le Saint Sacre-
ment, sans ôter son chapeau & sans se
mettre à genoux, & proféré les blasphê-
mes contre Dieu, la sainte Eucharistie,
le sainte Vierge, la Religion & les Com-
mandemens de Dieu & de l'Eglise, men-
tionnés au Procès ; & chanté les deux
chansons remplies de blasphêmes execra-
bles & abominables contre Dieu, la sainte
Eucharistie, la sainte Vierge, & les
Saints & Saintes mentionnés au Procès ;
& a rendu des marques de respect & d'a-
doration à des Livres infâmes, & profané
le signe de la Croix, le Mystère de la con-
sécration du vin, & les bénédictions en
usage dans l'Eglise & chez les Chrétiens,
dont il se repent, & demande pardon à

C

Dieu, au Roi & à Justice, & audit lieu avoir la langue coupée ; ce fait, conduit dans ledit tombereau dans la Place publique & principal Marché de ladite Ville, pour, sur un échaffaud qui y seroit à cet effet dressé, avoir la tête tranchée, & être son corps mort & sa tête jettés au feu dans un bûcher ardent, pour y être réduits en cendres, & les cendres jettées au vent ; & avant l'exécution, ledit Lefebvre de la Barre appliqué à la question ordinaire & extraordinaire, pour avoir par sa bouche la vérité d'aucuns faits résultans du Procès, & la révélation de ses complices, tous ses biens acquis & confisqués au Roi, ou à qui il appartiendroit ; sur iceux préalablement pris la somme de deux cens liv. d'amende envers ledit Seigneur Roi, au cas que confiscation n'eût lieu à son profit ; auroit été sursis à faire droit sur les accusations intentées contre Charles-François-Marcel Moisnel ; & avant d'adjuger le profit de la contumace contre Pierre-François Douville de Maillefeu, & Pierre-François Dumaisniel de Saveuse, accusés, contumax, il auroit pareillement été sursis à faire droit sur les

accusations contr'eux intentées , jusqu'après l'entière exécution de ladite
Sentence contre ledit Lefebvre de la
Barre , & ordonné que le Réquisitoire
du Substitut du Procureur-Général du
Roi audit Siège , du 7 Octobre dernier
& le procès - verbal de saisie de Livres
faite en la chambre dudit Lefebvre de la
Barre , en conséquence de l'Ordonnance
étant au bas dudit Réquisitoire , demeureroient joints au Procès ; ce faisant ,
que le Dictionnaire Philosophique portatif, faisant partie desdits Livres qui
ont été déposés au Greffe de ladite Sénéchaussée , seroit jetté par l'Exécuteur de
la Haute-Justice, dans le même bûcher
où seroit jetté le corps dudit Lefebvre
de la Barre & en même-tems. Ouïs & interrogés en la Cour lesdits Jean-François Lefebvre de la Barre & Charles-
François-Marcel Moisnel sur leursdites
causes d'appel , cas à eux imposés &
faits résultans du Procès. Oui le rapport
de Me Pellot , Conseiller ; Tout consi-
déré,

LA COUR , la Grand'Chambre
assemblée , dit qu'il a été bien jugé par

le Lieutenant - Criminel d'Abbeville ;
mal & fans griefs appellé par ledit Lefebvre de la Barre, & l'amendera ; ordonne en conféquence que le Dictionnaire Philofophique portatif, qui a été
apporté au Greffe Criminel de la Cour,
fera, avec les autres Livres, reporté au
Greffe Criminel de ladite Sénéchauffée
d'Abbeville ; faifant droit fur l'appel interjetté par ledit Charles-François-Marcel Moifnel de la même Sentence, a mis
& met l'appellation au néant ; ordonne
que ladite Sentence fortira fon plein
& entier effet à l'égard dudit Charles-
François-Marcel Moifnel, le condamne en l'amende ordinaire ; ordonne pareillement que le préfent Arrêt
fera imprimé, publié & affiché par-tout
où befoin fera, notamment en la Ville
d'Abbeville ; & pour faire mettre le préfent Arrêt à exécution, renvoie lefdits
Jean-François Lefebvre de la Barre
& Charles-François-Marcel Moifnel,
prifonniers pardevant ledit Lieutenant-
Criminel de la Sénéchauffée de Ponthieu à Abbeville. Fait en Parlement, la
Grand'Chambre affemblée, le 4 Juin
1766. Collationné, M A S S I E U.

PARTICULARITE'S

SUR LA MORT

DU CHEVALIER DE LA BARRE,

L E Parlement avoit différé de six jours à signer l'Arrêt qu'on vient de lire. Il avoit cru du moins devoir ménager ce délai, pour pouvoir aller se jetter aux pieds du Roi dont l'extrême bonté étoit connue, & demander grace. Le Chevalier de la Barre tenoit de près à la famille des Dorm... confidérable dans la robbe. Tous avoient du crédit & des amis qui s'intéresserent pour la faire obtenir. Mais Louis XV. dit-on, fut inflexible. On répandoit dans le tems, que ce Monarque répondit que, lorsqu'il avoit paru souhaiter que son Parlement cessât de faire le procès au monstre Damiens, ce Parlement lui avoit fait des remontrances; & qu'à plus forte raison, le coupable de lèze-Majesté divine, ne devoit pas être traité plus favorablement que le coupable

C 3

de lèze-Majefté humaine. Il fallut donc
que le Chevalier de la Barre revînt à
Abbeville, au vœu de cet Arrêt, pour
marcher au fupplice. Mais comme fi
l'on eût craint quelque révolte, quelque confpiration pour le fauver, on
prit des précautions. On l'engagea
dans une route détournée ; on le fit
paffer par Rouen. Il arriva enfin à Abbeville, fur les trois à quatre heures
d'après-midi dans une chaife de pofte,
au milieu de deux Exempts, & efcorté
de plufieurs archers déguifés en cour-
riers. Quoiqu'il entrât dans la Ville
par une porte oppofée à celle de Paris,
comme on l'attendoit, on le reconnut
aifément. Il faluoit fes connoiffances
en paffant rapidement. On fe mettoit
aux portes de tout côté, & la terreur
confternoit tous les cœurs ; la pâleur
s'emparoit de tous les vifages. On n'a-
voit pu fe perfuader jufqu'ici que l'Arrêt qui le condamnoit auroit fon exécution. On penfoit qu'allié à une famille puiffante, il obtiendroit enfin fa
grace. On le fouhaitoit généralement.
Chaque jour, chaque inftant qui fuivit
fon arrivée, tout homme à cheval arri-

vant par la porte de Paris, étoit pris
pour un courrier qui apportoit cette
grace tant defirée. On paſſoit de la joie
à l'abattement ſucceſſivement. La con-
fiance fut pouſſée ſi loin, que l'heure
même du ſupplice fut différée ; & un
frere du ſieur d'Etalonde, homme aimable & opulent, qu'on ſe porta, peu
après l'exécution de ſon frere par contumace, à faire nommer Mayeur-Com-
mandant pour le Roi à Abbeville, at-
tendant alors de moment à autre le re-
tour du courrier, marchant éperdu au
travers de la Ville avec les bourreaux,
ne croyoit pas trop faire pour les retarder encore.

Cependant de la Barre plus tranquille
avoit pris ſon parti, avec la plus grande
fermeté. *Je vois bien*, diſoit-il, *qu'il
faut une victime, que je ſerai le dindon
de la fête*. On lui avoit donné pour Con-
feſſeur, ſuivant l'uſage, un Dominicain
nommé le P. Boſquier. C'étoit de tous
les Confeſſeurs d'Abbeville alors, celui
qu'on croyoit le plus Théologien & le
plus propre à perſuader un eſprit fort,
in articulo mortis. Mais ce Moine ſoup-
çonné d'être un peu plus Philoſophe

encore que Théologien, en fut d'autant plus propre à le confoler & à con-
ferver fon courage. *Prenons du caffé*,
lui dit le Chevalier de la Barre , après
le dîner le plus paifible , quelques heures avant fon exécution, *il ne m'empê-*
chera pas de dormir. Ce fut la même fermeté , le même héroïfme pour marcher
au fupplice. Il s'y porta en fouriant en
quelque forte. *Ce qui me fait le plus de*
peine en ce jour , dit-il , *c'eft d'apperce-*
voir aux croifées, de ces gens que je croyois
mes amis. Parvenu devant le portail de
l'Eglife principale de S. Vulfran, où il
devoit faire l'amende- honorable , il
perfifta à foutenir qu'il n'avoit point
offenfé l'Etre fuprême, & refufa de la
réciter. On la récita pour lui. L'Arrêt
avoit ordonné , comme on l'a vu , que
devant ce portail , on lui perceroit la
langue d'un fer rouge ; mais de la Barre
s'y refufant , les bourreaux ne furent
pas affez impitoyables pour le vouloir
exécuter à la lettre. Ils en fimulerent
l'action. Ramené delà au pied de l'é-
chaffaud, on le voyoit toujours fe mon-
trer avec la même fermeté. En montant
à cet échaffaud, il laiffa tomber fa pan-

roufle fur l'efcalier : il defcendit auffi-tôt
pour la ramaffer , & remonta fans aide ,
fans effort. Parvenu fur ce théatre d'i-
gnominie , où le crime & l'innocence
fe font quelquefois confondus , où l'é-
quité & l'injuftice ont mêlé plus d'une
fois leurs victimes , entouré des cinq
bourreaux qu'on avoit appellés de cinq
Villes différentes , un d'eux fe préfenta
pour lui couper les cheveux , fuivant
ce qui fe pratique lorfqu'on décolle. *A
quoi bon*, dit le Chevalier ? *veut-on
faire de moi un enfant de chœur?* Il apperçut à l'inftant le damas deftiné à lui
trancher la tête. Il le fixa avec attention. *Tes armes font-elles bonnes*, dit-il
au bourreau de Paris ? *eft-ce toi qui as
tranché la tête au Comte de Lally ?* oui ,
Monfieur , lui répondit ce bourreau.
Tu l'as manqué! Il fe tenoit mal. Pla-
cez-vous bien, & je ne vous manquerai
pas. *Ne crains rien , je me tiendrai bien
& ne ferai pas l'enfant.* Il fe banda les
yeux lui-même , fe tint bien ferme en
effet , & fa tête fut enlevée avec une
adreffe qui concilia à l'exécuteur un
battement de mains univerfel. Son corps
fut bientôt précipité dans le bûcher,.

C $_5$

avec le Dictionnaire Philosophique.

Une chose qu'on doit remarquer,
c'est que le peuple d'Abbeville, qui,
quelque tems auparavant, avoit été
chercher dans la cendre d'un semblable
bûcher , & ramasser les prétendues re-
liques d'un jeune scélérat de condition,
qui avoit empoisonné ses pere & mere ,
& tenté d'empoisonner le reste de sa
famille & trente autres personnes dans
un repas chez lui auquel il avoit invité ,
mais qui étoit mort avec beaucoup
d'onction & de piété ; ce même peuple
indigné ne vit qu'avec le plus grand
mépris les cendres de de la Barre , & les
dispersa.

Un de ses bourreaux , celui de Saint-
Omer , s'efforça de flétrir encore sa
mémoire , dans des relations *véritables*
& remarquables , & dans des chansons
lamentables , très-pieuses & très-pa-
thétiques, que cette étrange espèce
de Poëte & d'Historien a l'usage de
composer dans tous les événemens in-
téressans où lui & ses pareils signalent
leur adresse, pour être imprimées &
vendues au petit peuple de France,
qui ne goûte pas moins sa littérature

legère, que les sublimes & profondes connoissances astronomiques & prophétiques de l'immortel Mathieu Lansberg.

Après cette fameuse exécution, restoit dans les prisons encore le Sr. Moisnel, à l'égard duquel l'Arrêt avoit sursi. On sentit bien vivement alors la prompte nécessité de parler & de le justifier. M. Linguet, connu, chéri dans Abbeville du peu de personnes auxquelles il s'étoit livré, cet Avocat, homme de léttres, qui depuis s'est rendu si célèbre au Barreau, avoit, pour ainsi dire, débuté dans la carrière par un Mémoire composé avant même la mort du Chevalier de la Barre, mais tenu secret, & qu'il auroit été peut-être plus utile de répandre. Diverses circonstances en avoient retardé la publicité. Il parut enfin & l'on fut étonné.

Les personnes qui savent que cet Avocat reçut *une insulte méditée au fond de sa retraite* *, de la part du Juge de de la Barre, que ce Juge, Mayeur-Com-

---

* Il s'en est plaint en ces termes dans des ouvrages imprimés. Il étoit logé à Abbeville, chez la veuve Devérité, Libraire.

C 6

mandant pour le Roi à Abbeville en 1764, appella chez lui & réprimanda durement l'Auteur des *Canaux naviga-bles*, pour avoir demandé sur le rivage, aux Nautoniers, *jusqu'où remontoit le flux de la mer dans la Somme*, admirent comment cet homme en place se trou-voit exposé peu d'années après, à être compromis par un Ecrivain célèbre, qu'il avoit traité avec mépris dans l'obs-curité où il vivoit, & qui osoit alors le nommer en face dans les Salles du Palais, *le Capitoul d'Abbeville*.

Mais elles regrettent aussi que M. Linguet qui avoit conféré avec de la Barre dans sa prison, qui avoit été chargé par lui & par écrit de le justifier, n'ait pu se livrer à ces occupations, & qu'ayant mis de côté le grand Mémoire qu'il avoit fait sur le fond de cette affaire, il n'en ait pas encore du moins donné l'histoire, comme il l'avoit promis au Public. Le Chevalier de la Barre étoit perdu. M. Linguet se borna à consulter au nom du sieur Moisnel & autres accu-sés qu'il falloit sauver.

MEMOIRE

A CONSULTER.

POUR le Sieur MOISNEL, & autres Accusés.

ON a beaucoup parlé du terrible Procès d'Abbeville. L'attentat qui semble en être le sujet, est devenu celui de toutes les conversations; Il n'y a personne qui n'ait voulu paroître instruit de cette affaire, & qui ne l'ait débitée avec des circonstances plus ou moins atroces. Il s'en faut cependant bien que le Public en connoisse véritablement le fond. Presque tous les discours qu'elle occasionne sont des méprises continuelles, & affreuses par leurs conséquences.

En général, on la croit fondée sur un crime de lèze-Majesté divine. On pense que de tous les accusés il n'y en a pas un qui n'ait trempé. On les regarde tous comme une troupe d'impies, qui ont, d'après un système réfléchi, ou entrepris de former une nouvelle secte, ou renou-

vellé les excès de ces hérétiques connus
& condamnés au quatrième siècle sous
le nom d'*Iconoclastes*. On se persuade
qu'il s'agit uniquement d'une insulte
faite de sang froid à un Crucifix, & que
les peines rigoureuses prononcées par le
premier Juge, en sont l'expiation.
L'Arrêt qui confirme la Sentence, justi-
fie en quelque sorte cette idée, ou du
moins l'autorise.

Ce n'est cependant qu'une erreur
cruelle, quoique tout concoure à lui
donner l'apparence de la vérité. L'insulte faite à la Croix, est bien le prétexte
du Procès ; mais elle n'en est pas l'objet.
C'est l'occasion de l'affaire, & non le
motif de la condamnation. Elle n'entre
absolument pour rien dans la Sentence,
ni dans l'Arrêt. La mutilation du Cru-
fix n'est même rappellée ni dans l'une ni
dans l'autre. L'auteur en est inconnu ;
aucun des accusés n'en est chargé par des
témoignages précis ; & quand le Parlement s'est décidé à livrer deux d'entre
eux à toute la rigueur de la Justice, ce
n'est pas la considération de ce crime,
qui a déterminé les suffrages, puisque
dans les informations, suivant les per-

fonnes inſtruites, il n'y a pas un mot qui
puiſſe faire croire qu'on ait découvert les
coupables.

Le Procès ne porte donc pas ſur des
imputations ſi énormes ; il n'y eſt queſtion que de faits beaucoup graves. C'eſt
déja une réforme importante à faire dans
les idées du Public. C'eſt un avertiſſe-
ment pour lui de ne pas ſe livrer à des
bruits ſans vraiſemblance & ſans vérité.
C'en eſt un de ſe tenir en garde contre
des rumeurs fauſſes autant qu'horribles,
qui, par une fatalité déplorable, ſem-
blent acquérir de la ertitude en ſe mul-
tipliant, & parvien nt inſenſiblement,
à force de ſe répandre, à faire impreſſion
ſur les eſprits mêmes qui devroient le
plus ſavoir s'en défier. Enfin, c'en eſt un
de ne pas prodiguer ſa haine, ſans exa-
men, à de malheureux jeunes gens qui
méritent peut-être ſa compaſſion.

On ſait qu'il y en a deux de condamnés ; mais on ne ſait pas qu'il en reſte
trois, ſur le ſort deſquels l'Arrêt n'a prononcé qu'un ſurſis. On ne ſait pas que,
dès le commencement, long-tems avant
la Sentence définitive, ils ſe ſont rendus
appellans des décrets de priſe de corps

lancés contre eux, d'une Sentence préliminaire & abufive dans la forme, comme dans le fond, que la Cour n'a pas
confirmée *, & de toute la procédure
dont ils n'avoient pas mérité d'effuyer
l'ignominie. On ne fait pas que cet appel
fubfifte, encore dans toute fa force, &
que fon but étoit de démontrer avec
combien d'injuftice on les avoit compris dans une affaire odieufe qui ne pouvoit les regarder.

C'eft cet appel qu'ils fe propofent aujourd'hui de pourfuivre ; & c'eft pour
s'affurer de fa validité, qu'ils ont recours
à un Confeil éclairé. Ils vont mettre
fous fes yeux les détails du Procès, au
moins pour la partie qui les concerne.
C'eft fur fes avis qu'ils dirigeront les démarches néceffaires pour opérer leur
juftification.

C'eft pour eux une néceffité indifpen-
fable d'y travailler promptement. Le
furfis prononcé contre eux eft, fans contredit, une peine cruelle, s'ils ne font
pas coupables. Il les place dans cet état
affreux d'incertitude, qui fuppofe plu-

---

* Elle n'a pas même ftatué fur cet objet.

tôt le crime que l'innocence, ou, pour
mieux dire, qui ne jette des doutes que
sur l'innocence. Par conséquent il en ré-
sulteroit pour eux une flétrissure réelle,
si on le laissoit subsister.

Leur extrême jeunesse est d'ailleurs
une raison de plus pour les tirer de cette
situation affligeante. Le plus avancé
d'entr'eux n'a pas dix-huit ans. Une pareille tache fixée sur ce premier âge, s'é-
tendroit delà sur le reste de leur vie. Ils
retrouveroient à la fin de leur carrière
l'opprobre dont ils ne se seroient pas
lavés en y entrant ; & ce malheur seroit
d'autant plus accablant, qu'ils ne l'auroient pas plus mérité dans un tems que
dans un autre.

F A I T.

Personne n'ignore qu'il s'est commis
l'année derniere, la nuit du huit au neuf
d'Août, un attentat étrange à Abbeville.
Un Crucifix de bois, exposé sur un pont
à la vénération publique, se trouve le
matin chargé de plusieurs coups de sabre
ou de couteau de chasse, qui y avoient
laissé des traces profondes. Cet événe-

ment, dès qu'il fut connu, excita dans la
Ville une consternation générale. Tout
se mit en mouvement. Le peuple s'af-
sembla autour de la Croix, pour en détester la profanation. Le Clergé se pré-
para à l'expier, & les Juges laïques à la
venger. On publia des monitoires pour
en découvrir l'auteur. Le Procureur-du-
Roi, l'Assesseur-Criminel, faisant les
fonctions de Lieutenant, s'acquittèrent
de leur devoir. L'un rendit sa plainte le
10 du même mois, & l'autre une Sentence qui permit d'informer. Ces Juges
s'appliquoient à chercher de quelle main
étoit partie l'insulte faite à la Croix,
tandis que M. l'Evêque d'Amiens assistoit en personne à une procession solem-
nelle ordonnée pour la réparer. La démarche de ce Prélat étoit édifiante ; mais
on ne sauroit dissimuler qu'elle fit sur
l'esprit du peuple une impression que
sans doute il ne prévoyoit pas lui-même.
La pompe de cette cérémonie, l'éclat
qui l'avoit accompagnée, échauffa les
imaginations. On ne parloit plus d'autre
chose dans la Ville. Les entretiens particuliers nourrissoient l'émotion publique. Celle-ci portoit l'alarme dans les

(49)

confiences. La frayeur y faifoit naître
des fcrupules, qui, à leur tour, produi-
foient des indifcrétions.

On put bien s'en appercevoir, fur-
tout dans les informations. Perfonne ne
connoiffoit le facrilège. Il avoit enve-
loppé fon crime dans l'ombre de la nuit
& du myftère ; mais au défaut de cette
connoiffance, qui étoit pourtant le feul
but du Procès, les témoins, en fe pré-
fentant devant le Juge, s'efforçoient de
paroître inftruits, au moins fur quelques
chefs relatifs à celui qu'il s'agiffoit d'é-
claircir. Ils faifoient une efpèce d'exa-
men de leur conduite. Les oui-dires,
les fimples foupçons même fe trouvoient
rappellés comme des vérités effentielles ;
& les rumeurs les moins probables prenoient, en paffant par leurs bouches,
toute l'apparence de la certitude.

Ainfi un jeune-homme de la Ville, fe
trouvant avec quelques-uns de fes camarades, après la mutilation de la Croix,
raconta cette ancienne hiftoire d'un Juif
qui acheta d'une vieille femme une hoftie
confacrée, & ofa la profaner par toutes
les abominations dont les légendes ont
confervé le détail. Elle eft arrivée, dit-

on, en différens endroits. Le Couvent des Billettes *, à Paris, est une preuve authentique que cette horreur appartient à des siècles reculés. Cependant elle a été recueillie & consignée dans les dépositions comme un fait récent. On n'en nommoit pas l'auteur, à la vérité ; mais on la supposoit nouvellement commise. On en faisoit des applications indirectes, & l'on désignoit tacitement ceux à qui elle pouvoit s'adapter. Quoiqu'à la fin les informations aient fait évanouir cette chimère, & justifié notre siècle à qui on osoit l'attribuer, c'est delà pourtant qu'est venu ce roman absurde, mais terrible, qui a séduit tant de personnes mal informées. Il s'est débité dans Abbeville ; il a même pénétré jusqu'à Paris, & s'y soutient encore. C'est ce qui a fait croire & assurer que des hosties consacrées avoient été percées, coupées, profanées par les Accusés. C'est d'après cette idée, sans vraisemblance comme sans fondement, qu'à une affaire, déjà si grave par elle-même, on a joint tant d'imputations calomnieuses ; & il paroît que ce

---

* Il a été fondé à cette occasion.

fait n'est pas le seul qui ait été aussi étrangement défiguré dans le Procès.

L'objet principal ne s'éclaircissoit
point. Le nom du profanateur restoit
toujours inconnu ; & les témoins appellés pour déposer de la mutilation, par-
loient de toute autre chose. Ils révéloient
des irrévérences, des indiscrétions, des
discours impies tenus par de jeunes gens
de la Ville ; mais qui étoient antérieurs
au délit dont on s'informoit, & qui jus-
ques-là n'avoient causé aucune espace
de scandale.

Cependant le Procureur-du-Roi crut
devoir les dénoncer à la Justice. Il y
trouva la matière d'une seconde plainte
qu'il rendit en effet le 13 Septembre
1765, c'est-à-dire, à plus d'un mois d'intervalle de la première. Elle ne tendoit
qu'à obtenir la permission d'informer *sur*
des impiétés & blasphêmes commis dans
la Ville.

Il semble que l'équité demandoit de
lui & du Juge-Criminel qui reçut les
deux plaintes, qu'ils eussent soin de dis-
tinguer les deux objets qu'elles concer-
noient. Il est sûr que le blasphême est un
grand crime ; mais la mutilation d'une

Croix est un crime encore plus grand.
Le premier consiste dans des paroles ;
le second consiste dans des actes. L'un a
différentes nuances, différens degrés qui
peuvent le rendre plus ou moins grave ;
l'autre est énorme de sa nature : c'est toujours un crime de lèze-Majesté divine.
Il étoit donc important de les séparer ;
la justice exigeoit qu'on évitât soigneu-
sement d'en faire un seul & même titre
d'accusation.

Ce ne fut pourtant pas le principe que
suivit l'Assesseur d'Abbeville. Au contraire, il parut se proposer de confondre
les deux affaires ; & dès le commencement des informations , sur la seconde
plainte du 1 3 Septembre, il rendit une
Sentence dont voici les dispositions.
Elle ordonnoit que les deux Procès
faits , tant sur la plainte du 10 Août
portant sur la mutilation, que sur celle
du 1 3 Septembre bornée aux impiétés
& blasphèmes, *seroient & demeureroient*
joints , pour être sur iceux statué par un
seul & même Jugement.

Il faut l'avouer , cette procédure paroît bien singulière. Elle est usitée dans
les affaires civiles, où la décision d'un

article dépend souvent de celle d'un autre. Les joindre ensemble, c'est faciliter
l'instruction de tous les deux. Mais elle
est inouie dans le criminel, au moins
avant la perfection de la procédure extraordinaire. Elle n'y a lieu que quand
la vérification des témoignages établit
l'identité des crimes ; elle n'opère point
la confusion des matières, elle ne fait que
rapprocher les Jugemens ; alors même
elle n'est point à l'arbitrage du Juge,
mais elle dépend de la nature des dépositions, qui n'est bien certaine que quand
elles sont constantes & irrévocables,
c'est-à-dire, après le récollement. Or,
ici la Sentence de jonction précédoit de
beaucoup cette formalité, puisqu'elle
est du 8 Octobre, & que le récollement
n'a commencé qu'au 18 Novembre
1765. Il y a eu encore des informations
postérieures ; & la Sentence définitive
est du 26 Février 1766. On prie le Conseil de vouloir bien ne pas perdre ces
dates de vue.

Sur la plainte du 13 Septembre, trois
jeunes gens furent décrétés de prise de
corps, & deux seulement furent arrêtés.
L'un, ainsi que le contumace, est con-

damné par l'Arrêt. L'autre, nommé
Moifnel, eft un des Accufés, au nom de
qui l'on confulte. Il eft difficile de penfer, fans attendriffement, au fort de ce
malheureux jeune homme.

A dix-fept ans il a effuyé l'opprobre
d'un décret de prife de corps, l'ignominie qui en fuit l'exécution, l'horreur
d'une longue & dure captivité. Outre
fa propre infortune, il a encore à fe reprocher celle de deux de fes camarades,
que fon inconfidération a jettés dans le
même embarras, comme on va le voir.
Il éprouve à la fois des malheurs & des
remords; & ni les uns ni les autres ne font
produits par des crimes, mais par des
imprudences. S'il eft compromis encore
aujourd'hui dans une affaire auffi grave,
ce n'eft pas pour s'être fouillé d'aucun
attentat, mais pour avoir révélé des
fautes dont il ne devoit l'aveu qu'à fon
Confeffeur.

Il paroît certain qu'au tems du décret
lancé contre lui, il n'y avoit aucune efpèce de grief à fa charge, finon d'être
paffé un jour de Fête-Dieu, le chapeau
fous le bras, à la vue d'une proceffion
du Saint-Sacrement, en fuivant deux
autres

autres perſonnes qui avoient le chapeau
ſur la tête. Il n'étoit point coupable de
cette irrévérence, & n'en pouvoit paſſer pour complice : cependant on croit
pouvoir aſſurer qu'il n'y a point eu
d'autre cauſe de ſa détention.

Dans le cours du mois d'Octobre
1765, il ſubit trois interrogatoires. Le
premier fut une négative, ſoutenue ſur
tous les objets qu'on lui demanda; mais
au ſecond, ſa contenance fut bien diffé-
rente. Il s'étoit écoulé huit jours depuis ſa captivité, & ce court eſpace
avoit occaſionné dans ſa tête une cruelle
altération.

Il n'avoit, comme on l'a dit, que
dix-ſept ans. Il eſt par lui-même d'une
conſtitution foible & mélancolique.
Qu'on ſe figure un enfant de cet âge &
de ce tempérament, accoutumé à la vie
la plus libre, la plus indépendante, ar-
raché tout d'un coup à ſa famille & à
ſes amuſemens, renfermé dans une priſon obſcure, ſans ſociété, impliqué à
grand bruit dans une affaire affreuſe,
dont tout le monde parloit depuis long-
tems avec horreur, & n'ayant, pour ſe
ſoutenir au milieu de tant de ſujets

D

d'alarmes, d'autre reſſource que ſon innocence, que ſon état même devoit,
en quelque ſorte, lui rendre ſuſpecte.
Qu'on ſe le repréſente ſortant de ſon
cachot pour ſubir un interrogatoire,
ne revoyant la lumière que pour découvrir en même tems, d'une part, le
viſage ſévère d'un Juge qui lui intime,
au nom de Dieu & de la Juſtice, l'obligation de dire la vérité; & de l'autre,
un Greffier prêt à écrire ſes réponſes,
dont on lui fait ſentir que ſon ſort va
dépendre; on ne ſera pas étonné, ſans
doute, que cet appareil formidable ait
renverſé une tête ſi jeune, déjà vivement ébranlée par l'inquiétude & le
chagrin.

Auſſi, ſes déclarations ſe ſentirent-
elles du trouble & de l'effroi qui rem-
pliſſoient ſon ame. Au lieu de réclamer
contre la violence qu'il ſouffroit, il crut
être obligé de chercher lui-même dans
ſon propre cœur de quoi la juſtifier.
Ne pouvant avouer des crimes, puiſ-
qu'il n'en avoit point commis, il y
ſubſtitua l'aveu de ſes fautes. On ne
devoit l'interroger que ſur ces attentats
ſcandaleux, qui choquent les Loix &

l'ordre public : il répondit, en révélant
de ces délits secrets dont la Justice humaine ne connoît point, & qui font ré-
fervés au Tribunal de la Pénitence.

Ainfi, par exemple, il demanda pardon à l'Affeffeur, en propres termes,
dans l'interrogatoire du 7 Octobre, qui
étoit le fecond, *de n'avoir pas tout dé-*
claré la premiere fois. Il le pria *de vou-*
loir bien le mettre à portée de réparer fa
faute ; ajoûtant *qu'il efpéroit qu'on vou-*
droit bien avoir égard à fa jeuneffe & à
fon peu d'expérience, qui faifoit qu'il ne
favoit pas la conféquence des chofes. Et
en effet, il parut bien à quel point il
l'ignoroit ; car confondant dans tout le
refte de fes réponfes, les péchés avec
les crimes ; faifant un objet de dépofition judiciaire de ce qui ne devoit en être
qu'un de repentir fecret & de confeffion
eccléfiaftique, il s'accufa, 1°. d'avoir
paffé à vingt-cinq pas du Saint-Sacrement, fans fe mettre à genoux ; 2°.
d'avoir, après gouter, dans une guin-
guette, craché fur le verre d'une boëtte
qui contenoit une Sainte-Face ; 3°.
d'avoir chanté, mais non pas en public,
deux chanfons licencieufes, qu'il récita

toutes entieres, & qui furent copiées
mot pour mot dans cet interrogatoire.

Dans le troisième, du 26 Octobre,
il tint le même langage. Il poussa la
bonne foi, la simplicité, disons mieux,
l'envie de se trouver coupable, au point
de s'accuser d'orgueil sur ce que l'un
des Condamnés, *en lui faisant réciter*
quelquefois des pièces de vers licencieu-
ses, lui FRAPPOIT SUR L'EPAULE
QUAND IL RECITOIT, ET DISOIT:
nous ferons quelque chose de ce jeune-
homme-là. Telle étoit donc son heu-
reuse impuissance à devenir criminel,
que ses efforts, même pour le paroître,
étoient infructueux. Il constatoit son
innocence, du moins aux yeux de la
Justice humaine précisément, par les
tentatives qu'il multiplioit pour la rendre suspecte.

On ne sait s'il est possible d'imaginer
un spectacle plus touchant que celui de
ce malheureux enfant prosterné aux
pieds de son Juge *, mettant, pour ainsi

---

* Ce n'est point ici une figure de Réthorique. Ce
jeune homme s'y prosterna en effet, en lui demandant
pardon de n'avoir pas tout dit dans son premier inter-

(59)

ure, fa confcience au jour, récapitu-
lant toute fa conduite paffée, pour en
tirer quelques indices propres à le charger, & réduit enfin, par un excès de
fcrupule, à porter un faux témoignage
contre lui-même; car, comme on le
verra dans la fuite, fes aveux font au
moins auffi douteux qu'indifcrets. Au
milieu des convulfions que lui caufoit
fa délicateffe, le fieur Moifnel, dans la
lifte de fes fautes, en plaçoit qu'il n'a-

rogatoire. Mais il faut auffi favoir que le fieur de
Belleval, fon tuteur, l'ayant été voir dans fa prifon,
avoit fait un crime à fon pupille, de n'avoir pas
tout révélé cette premiere fois, & lui avoit recom-
mandé de ne rien cacher de ce qu'il favoit du Chevalier de la Barre. Voici le motif de cette animofité particuliere. Le fieur de la Barre arrivé chez l'Abbeffe de
Villancourt, fa tante, faifoit alors fa fociété, & rem-
plaçoit le fieur de Belleval fon voifin. Celui-ci en fut
offenfé; il ofa s'en plaindre à cette Abbeffe dans une
lettre que de la Barre intercepta. Comme il fe trouvoit
particuliérement infulté dans cette lettre, il crut devoir en propofer la vengeance audit fieur de Belleval,
un jour qu'il le rencontra fur le pont des Capucins
d'Abbeville. M. de Belleval, en ne l'acceptant pas, eut
d'autant plus lieu d'en être courroucé, qu'il ne lui fut
plus permis de voir Madame l'Abbeffe, avec laquelle
il étoit fort lié d'amitié. Mais, en preffant fi vivement
le jeune Moifnel de ne rien déguifer, M. de Belleval
étoit loin de foupçonner que fes aveux indifcrets duf-
fent compromettre avec le Chevalier de la Barre le fieur
de Saveufe fon propre fils, qui fut auffi décreté. (Note
de l'Editeur.)

D 3

voit pas commifes ; & de peur de nuire
à la vérité par des réticences, il la blef-
foit par des déclarations hafardées. Il
femble qu'une confcience fi timorée eft
incompatible avec le foupçon d'irréligion ; du moins elle exclut à coup fûr
celui d'une impiété habituelle.

Ce fut pourtant en conféquence de
ces deux interrogatoires, ce fut uniquement d'après les griefs qui y avoient été
développés ; que le 30 Octobre 1765 ;
deux nouveaux décrets de prife de corps
furent lancés contre deux autres jeunes
gens, moins âgés encore que lui, & dont
il avoit fait la confeffion en même tems
que la fienne. Il avoit déclaré dans fon
interrogatoire du 7 Octobre, avoir entendu *chanter au fieur Douville de Maillefeu la Madelaine & la Saint - Cyr* ,
QU'IL NE SAVOIT PAS BIEN, *& au fieur
Dumaifniel de Saveufe ; la Madelaine
feulement.* Ce font les deux Accufés qui
implorent aujourd'hui les lumieres &
l'affiftance du Confeil.

---

* Noms fous lefquels ont été défignées au Procès les
deux chanfons licencieufes dont il a parlé.

(61)

On peut obferver à leur égard bien
des chofes.

1°. En fuppofant même qu'ils euffent
chanté les chanfons, quoiqu'il n'y en ait
point de preuve, puifqu'aucun témoin
ne les a nommés, on ne fauroit les
foupçonner d'en être les auteurs. Elles
font anciennes. L'une n'eft qu'orduriere, l'autre eft horrible ; mais toutes
deux font nées au milieu de la licence
des camps. Ce font de ces jeux de mots
groffiers & libertins que les Régimens
tranfplantent fouvent avec eux, & dont
ils donnent des leçons funeftes à la jeuneffe des Villes où ils fe trouvent placés.
C'eft un fcandale puniffable, fans contredit ; mais enfin le châtiment doit-il
être plus févere pour les difciples que
pour les maîtres ? & s'il eft jufte d'avoir
quelqu'indulgence, n'eft-ce pas pour
celui qui reçoit le poifon, plutôt que
pour celui qui le préfente ?

2°. Des deux Accufés, celui qui a
chanté les deux chanfons, *ne favoit pas
bien la derniere*. Le fecond eft moins
coupable, puifqu'il *n'en a chanté qu'une* ;
elles n'ont fait aucun fcandale, puifque,
comme on l'a dit, il n'y a pas un feul

témoin qui en parle, & que dans la difpofition où étoient alors les efprits, on
n'auroit fans doute épargné perfonne
de ceux fur qui pouvoient tomber les
moindres foupçons. Ces circonftances
font effentielles, fur-tout fi l'on fonge
que ces deux griefs font le feul fondement d'un décret de prife de corps contre des enfans de feize ans. Tous deux
n'en avoient pas davantage.

3°. Tous deux auffi font des meilleu-
res familles de la Ville. L'un eft fils du
Lieutenant de l'Election : l'autre eft celui d'un Confeiller au Préfidial, chéri,
aimé à jufte titre dans fa patrie, honoré
de toutes les diftinctions qui peuvent
s'accorder au mérite dans la Province,
& plus refpectable encore par fes vertus
perfonnelles, que pas les emplois où il
a eu l'occafion de les développer. Ainfi
ils tenoient un des premiers rangs parmi
la jeuneffe de la Ville. D'ailleurs on ne
leur reprochoit aucun defordre. Leur
conduite étoit jufques-là à l'abri de tout
foupçon : ce qui, d'après la raifon,
d'après l'équité, d'après le texte des
Ordonnances, fembloit devoir les ga-
rantir d'une procédure fi brufque.

Cependant ils fe trouvoient impliqués
dans un Procès criminel : dans un Procès
où le titre d'accufation fembloit être un
crime de lèze-Majefté divine, & où par
conféquent les décrets même légèrement
lancés, pouvoient paroître juftifiés par
l'importance de la matiere. Ce fut alors
que l'on fentit les fuites terribles de
cette Sentence de jonction du 8 Octobre. Ce fut alors qu'on apperçut combien il étoit intéreffant de l'attaquer,
combien il étoit néceffaire de féparer
les objets dont elle opéroit la confufion,
& de replacer chacun à leur rang ceux
qu'elle avoit raffemblés, incorporés avec
tant d'imprudence.

Le 9 Décembre 1765, les Accufés fe
pourvurent par appel contre les décrets,
contre la Sentence du 8 Octobre, & par
conféquent contre le titre d'accufation
dont on avoit abufé pour les traiter avec
tant de rigueur. Leur appel fut reçu par
la Cour, & notifié à M. le Procureur-
Général. Mais des motifs particuliers
les empêcherent d'en pourfuivre le Jugement. Des raifons qu'ils ne font pas plus
les maîtres de découvrir aujourd'hui,

qu'ils ne l'étoient alors de les combattre, ont mis un obstacle invincible à l'instruction de cette partie du Procès ; elle est restée dans le même état ; & l'Arrêt intervenu pendant l'inaction forcée qui la faisoit languir, ne prive pas les Accusés du droit de la reprendre.

Cette inaction, outre qu'elle étoit involontaire, se trouvoit aussi motivée par l'espérance d'un Jugement plus doux. Un événement singulier, arrivé lors du récollement, autorisoit les Accusés à la concevoir. Il leur étoit difficile d'imaginer qu'on pourroit se décider à les traiter comme coupables, quand il n'existeroit plus contre eux l'ombre même d'une charge ; & que la Justice suspecteroit encore leur innocence, lorsque la seule disposition qui pouvoit l'avoir attaquée, étoit entiérement détruite.

En effet, au récollement, le sieur Moisnel s'étoit enfin apperçu de son imprudence. Il avoit senti, à la lecture de ses deux dépositions, qu'elles étoient plûtôt faites pour le confessionnal, que pour être consignées dans une informa-

tion juridique *. Il les rétracta authen-
tiquement, & dit en propres termes,
*qu'il avoit eu tort de déclarer qu'il eût
chanté lui-même ou entendu chanter aux
sieurs Douville & Dumaisniel les deux
chansons*, qui seules faisoient son crime
& le leur ; *que quand il avoit fait ces déclarations, il avoit la tête troublée.*

Il semble que ce désaveu ne doit produire aucune impression défavorable
pour lui. Que le fait fût vrai ou non, il
est certain qu'il n'en devoit pas compte
à la Justice, dès que personne ne le connoissoit, dès qu'il n'avoit causé aucun
scandale ; & on doit croire qu'il n'en
avoit point causé, puisque de tant de témoins venus à révélation, pas un n'en
a parlé. Le sieur Moisnel s'exprimoit
donc avec justesse, en disant qu'il avoit
eu tort de se charger lui-même, & ses
deux amis, d'un délit caché, secret que

---

* Il est vrai qu'on avoit trouvé le moyen de le faire
sentir au sieur Moisnel, en lui faisant parvenir un mot
d'avis par l'adresse d'un Tailleur chargé, en apparence, de lui prendre mesure d'une robbe de chambre. La colère du Juge, entendant cette rétractation,
fut, dit-on, très-remarquable ; le sieur Moisnel fut
chargé d'injures. (*Note de l'Éditeur.*)

D 6

rien ne l'obligeoit de publier, & qui de
fa nature étoit fait pour refter dans
l'oubli.

Quelque valeur, au refte, qu'eût fa
rétractation, relativement à lui-même,
il eft sûr qu'elle juftifioit les deux autres Accufés. Ils n'étoient devenus coupables, ou du moins fufpects, que fur
fa feule parole. Sa feule parole fuffifoit
pour les rendre innocens. Le Juge, à
qui il faut des preuves plus claires que
le jour pour condamner, n'a befoin que
du défaut depreuves pourabfoudre. Les
Accufés étoient donc dans le cas d'attendre leur renvoi pur & fimple. C'eft à quoi
tendoient les conclufions du Miniftère
public; mais elles ne furent point fui-
vies par la Sentence définitive du 26
Février 1766. Elle a condamné deux
des cinq jeunes gens décrétés, aux peines les plus grièves, *& furfeoit, à l'égard
des trois autres, jufqu'après l'exécution.*

Cette furféance même eft affurément
une peine, fur-tout dans les circonftances préfentes. C'étoit, comme on voit,
une fuite de ce premier Jugement du
8 Septembre 1765. Le Juge perfiftoit
à vouloir unir toutes ces matières, à les

regarder comme dépendantes, comme
inséparables les unes des autres ; & dès
qu'il condamnoit au feu deux des personnes impliquées dans le Procès, il
compromettoit l'honneur des trois autres, qu'il lioit, en quelque sorte, à
l'infamie des premiers. C'est-là l'effet
infaillible du sursis. Il semble qu'il ne
peut, ou du moins qu'il ne doit s'infliger qu'à des criminels à-demi convain-
vaincus du même crime. En suivant les
règles de la Justice, il n'a lieu qu'envers
des malfaiteurs reconnus, & contre qui
on ne cherche plus qu'un supplément
de preuves. Il emporte presqu'autant
d'ignominie, que l'exécution. Entre le
scélérat qui a reçu sa condamnation, &
celui qui l'attend, elle ne laisse presque
d'autre différence que le supplice. Si un
pareil délai peut être envisagé comme
une grace pour le crime, c'est un affront
insupportable pour l'innocence ; & le
Juge qui ordonne une remise aussi cruelle, doit hésiter autant à la prononcer,
que pour se fixer à la décision la plus
sévère.

On avoue que l'Arrêt a confirmé
cette disposition de la Sentence comme

les autres ; mais on peut obferver que
les Accufés, tous mineurs, n'ont été
défendus en aucune manière : la feule
tentative qu'on ait hafardée en leur faveur, c'eft l'appel. Depuis ce moment,
on eft refté, à leur égard, dans le filence
le plus exact ; de forte que les Juges fou-
verains ont ignoré une foule de chofes
qu'il auroit été très-important qu'ils
appriffent, & qui auroient jetté une
grande lumière fur tout le Procès, quoiqu'elles ne fuffent pas d'une efpèce à y
entrer.

Par exemple, on auroit dû leur apprendre que, fans vouloir élever contre
le Juge d'Abbeville une inculpation
perfonnelle & odieufe, il y avoit pourtant bien des raifons qui devoient lui
interdire la connoiffance de cette affaire.
Des cinq Accufés, il y en a quatre dont
les parens ont eu avec lui, ou des torts,
ou des procédés qui peuvent lui paroître
mériter ce nom. Parconféquent il n'auroit pas dû fe préfenter pour les juger,
& moins encore pour inftruire le Procès où ils font compromis.

Le fait eft tout récent. Il fe trouvoit
Curateur d'une jeune perfonne, riche

& la parente. Il avoit formé le projet
de la marier à fon fils unique. Il avoit
follicité vivement la Supérieure d'une
Maifon religieufe où demeuroit la De-
moifelle, de travailler pour l'amener à
fes vûes. Cette Supérieure s'y étoit
refufée. On avoit tenu, devant un Confeiller au Préfidial, une affemblée de
parens pour le dépouiller, malgré lui,
du titre de Curateur, & conclure le
mariage de la mineure avec un étranger. Or, des quatre Accufés, le premier
eft parent proche & chéri de la Supérieure ; le fecond & le troifième font, l'un
frere, l'autre coufin-germain du rival
préféré ; & le quatrième eft fils du Confeiller devant qui l'affemblée s'eft te-
nue. Le reffentiment de l'Affeffeur avoit
éclaté. Il fembloit que la délicateffe, la
décence, & même l'équité, lui ordonnoient de fe déporter d'un Jugement
où il voyoit compromifes tant de perfonnes qu'on pouvoit le foupçonner de
ne pas aimer.

Il y a plus. La Sentence définitive &
les Décrets de prife de corps des deux
derniers Accufés, pourroient être atta-
qués vivement dans la forme. Des trois

Juges qui les ont signés, l'un est Avocat, dont l'état ne paroît rien moins
que certain. La Compagnie des Avocats d'Abbeville s'est opposée à sa ré-
ception par un acte juridique, dont la
force n'est point anéantie ; & celle de
l'Election de la même Ville, dont il a
acheté la Présidence, a également re-
fusé de l'admettre. Elle a actuellement
contre lui un Procès à la Cour des
Aides, pour se dispenser de l'avoir pour
Chef. Deux exclusions authentiques ne
devoient pas, ce semble, être un titre
pour le faire monter sur un Siège où il
s'agissoit de décider de l'honneur & de
la vie de plusieurs Citoyens, d'autant
plus qu'il y avoit d'autres Juges qu'on
pouvoit appeller ; d'autant plus qu'en
lui supposant la qualité d'Avocat, il
seroit le dernier reçu, & que l'ordre du
tableau ne permettoit de recourir à lui
qu'après avoir demandé le secours de
tous les autres ; d'autant plus qu'on lui
conteste jusqu'à ses grades ; qu'il y a des
actes de lui signés en qualité de Procureur, précisément dans le tems même
qu'il étoit censé faire ses étude de
Droit ; d'autant plus enfin que sa con-

duite perfonnelle * répugnoit aux fonctions de Jurifconfulte, & plus encore
à celles de Juge. Il eft notoire que fon
unique occupation eft le commerce, &
on ne feroit pas embarraffé à trouver
des Sentences des Confuls, qui lui enjoignent de *produire fes livres.*

Il eft à croire que fi toutes ces particularités avoient été remifes fous les
yeux de la Cour, & prouvées comme
elles le feront, fi on eft dans le cas d'en
faire ufage, elle auroit apporté une attention plus rigoureufe, non pas au
fonds du Procès, mais à ces détails qui
ne lui font pas étrangers à beaucoup
près, & qui l'éclairciffent. En rappro-
chant les interrogatoires du S. Moifnel,
la Sentence de jonction, les Décrets,
& cette affeétation de chercher au dernier rang des Jurifconfultes un Particulier qui n'y eft tout au plus que

---

* La fœur de cet Avocat a plaidé au Parlement pour
faire caffer fon teftament, fur ce qu'on ne pouvoit
faire à une femme, avec laquelle on avoit vécu publiquement en concubinage, des avantages auffi confi-
dérables que ceux qu'il avoit faits à la Dame veuve
D***, qu'il avoit connue du vivant même de fon
mari. (*Note de l'Editeur.*)

toléré, pour lui confier un Jugement
de la dernière importance ; elle auroit
craint que tant de myſtères , tant de
démarches obſcures n'enveloppaſſent
quelque ſyſtême caché ; & peut - être
l'auroit-elle découvert.

On dit, à la vérité, pour motiver l'in-
vitation faite à cet Avocat de monter ſur
le Tribunal , que la parenté avec les Accuſés en écartoit tous les Juges & tous
les Avocats; mais cette parenté n'étoit
pas générale, elle n'embraſſoit pas les
deux Compagnies : d'ailleurs les Juges
auroient dû ſe déporter en règle. Les
Ordonnances preſcrivent les formalités
qui doivent s'obſerver en pareil cas , &
l'on peut aſſurer qu'il n'y en a eu aucunes de pratiquées. De même on auroit
dû , ſuivant les Ordonnances encore ,
s'aſtreindre à l'ordre du tableau, pour
appeller les Avocats ſur le Siège , & c'eſt
ce qu'on n'a point fait.

De plus, pour répondre complette-
ment à l'eſpèce d'objection que peut
faire naître l'Arrêt contre les démarches
des Accuſés, on peut ajoûter qu'il n'a
point fait droit ſur leur appel du 9 Décembre 1765, En confirmant la ſur-

féance à leur égard, il femble avoir
craint de changer leur état, & de leur
ôter le pouvoir de fuivre jufqu'au bout
la voie qu'ils avoient embraffée pour
défendre leur innocence. Ce furfis
n'opère dans leur façon d'être, relativement à la Juftice, aucune innova-
tion; & fi, ayant qu'il fût prononcé, ils
avoient le droit de demander à fe juftifier, il femble que depuis même qu'il
l'eft, ce droit leur refte encore.

D'après ces faits qui font exacts &
certains, on prie donc le Confeil de
vouloir bien tracer aux Accufés la voie
qu'ils doivent fuivre dans leur défenfe.
Il eft sûr en général qu'il eft à craindre
pour eux d'être de nouveau traduits
devant le Tribunal d'Abbeville. Ils y
courroient des rifques plus redoutables
pour eux, que tout ce qui précède. Les
Juges dont ils auroient décliné la jurif-
diction, auroient alors une raifon de plus
pour les pourfuivre, finon par des Sentences, au moins par des follicitations.
En évitant de les avoir pour Juges, ils
rifqueroient de les avoir pour Parties;
& fi les Accufés veulent jamais en venir
avec eux à cette extrémité, il faut que

ce foit ouvertement, avec l'éclat qui
convient à l'innocence outragée, & non
dans ces fouterreins obfcurs, où les re-
commandations, les intrigues, les liai-
fons fecrettes ont fouvent plus de force
que l'équité.

CONSULTATION.

LES SOUSSIGNE's qui ont vu le
Mémoire d'autre part,

Sont d'avis que les trois Accufés pour
lefquels on confulte, font bien fondés
à fe pourvoir contre l'Arrêt qui a confirmé la Sentence du Juge d'Abbeville,
par laquelle il a été furfi de ftatuer, à
leur égard, jufqu'après l'exécution d'un
Accufé qui a été condamné au dernier
fupplice.

Il y a, dans les Procédures & dans
les Jugemens intervenus dans cette affaire, des vices qui ne peuvent être
réformés que par des Tribunaux fupérieurs : ainfi l'on peut employer la voie
de la Requête civile, ou celle de la
révifion.

Quant à la REQUÊTE CIVILE, cette

voie n'eſt pas fort uſitée en matière criminelle ; on n'en trouve même aucune
trace dans les diſpoſitions de l'Ordonnance de 1670. Elle eſt néanmoins
autoriſée par pluſieurs monumens de
Juriſprudence rapportés dans le Dictionnaire des Arrêts, & même par une
Déclaration poſtérieure à cette Loi,
C'eſt celle du mois de Février 1682,
Elle porte expreſſément que „ les Re-
„ quêtes civiles que l'on prendra doré-
„ navant contre les Arrêts rendus en
„ la Chambre Tournelle du Parlement
„ de Toulouſe, ſeront plaidées en la-
„ dite Chambre Tournelle, ſans que
„ la Grand'Chambre en puiſſe prendre
„ connoiſſance ".

Bornier (a), en citant cette Loi, ob-
ſerve que la Requête civile eſt ſur-tout
favorablement reçue lorſqu'elle eſt em-
ployée par l'Accuſé ; en ſorte que l'on
peut dire qu'il n'y a proprement d'autre différence entre la Requête civile
qui s'obtient en matière criminelle, &
la réviſion, ſinon que celle-ci eſt em-

(a) Voyez Bornier, ſur l'article 34 du
titre 35 de l'Ordonnance de 1667,

ployée plus ordinairement en cette matière, parce qu'elle n'embraſſe pas ſeulement les moyens de forme, qui font
le principal objet de la Requête civile,
mais encore ceux du fonds. C'eſt auſſi
par cette raiſon que l'on conſeille de
préférer cette derniere voie.

Il ne reſte donc plus qu'à tracer ici,
en peu de mots, les moyens particuliers ſur leſquels cette réviſion peut être
fondée.

Le premier ſe tire de ce que l'Arrêt
n'a point ſtatué ſur l'appel que les Accuſés avoient interjetté de la Sentence
de jonction rendue dans les premiers
tems de l'inſtruction faite à Abbeville,
& qu'il n'eſt pas fait mention, dans le
vu de l'Arrêt, de cet appel, quoiqu'il
ait été relevé, & qu   intimé M.
le Procureur-Général e. conſéquence.
Ce moyen eſt fondé ſur l'article 34 du
titre 35 de l'Ordonnance de 1667,
qui admet à ſe pourvoir contre des
Arrêts où l'on a *omis de prononcer ſur
quelques-uns des chefs de demande.*

Un ſecond moyen qui ſert à démontrer la néceſſité qu'il y avoit de ſtatuer
ſur cet appel, ſe tire de l'irrégularité

& de l'injuftice de la Sentence qui en étoit l'objet. En effet, de quelque côté qu'on envifage cette Sentence de jonction, foit par rapport au tems où elle a été rendue, foit par rapport à la qualité des Procédures qui ont fait la matière de cette jonction, foit enfin par rapport aux conféquences qui en ont réfulté contre les Accufés, l'on ne peut s'empêcher de convenir qu'il n'eft pas poffible de la laiffer fubfifter.

D'abord, quant au *tems* où cette jonction a été prononcée, perfonne n'ignore qu'il n'en eft pas des matières criminelles, fur ce point, comme des matières civiles. Dans celles-ci, la jonction peut être ordonnée en tout état de Caufe, parce qu'elles font auffi également fufceptibles de disjonction dans tous les tems : au lieu qu'en matière criminelle, où les Procédures doivent fe faire dans le fecret, il n'eft pas poffible de s'affurer s'il y a lieu de les joindre avec d'autres qui paroiffent relatives à la même accufation, avant que l'inftruction foit entièrement achevée. Ces Procédures ne prennent la qualité de *criminelles*, que par le réglement

à l'extraordinaire ; & les preuves qui en
réfultent, ne peuvent avoir de confiftan-
ce, que par le récollement des témoins
& leurs confrontations à l'Accufé, qui
peut alors les reprocher. Il eft donc
certain qu'on ne peut ordonner cette
jonction avant ce même tems-là, attendu qu'elle n'a & ne peut avoir d'autre objet, que d'empêcher la multipli-
cité des Jugemens, c'eft-à-dire, de
mettre les Juges en état de ftatuer, par
un feul & même Jugement, fur toutes
ces différentes procédures,

Il n'y a qu'un feul cas où la jonction
peut être faite avant ce tems-là en matière criminelle ; c'eft celui marqué par
l'article 5 du titre premier de l'Ordonnance de 1670, par lequel il eft dit
que ,, les groffes des informations qui
,, compofent le Procès, ou qui y au-
,, ront été jointes, enfemble les infor-
,, mations, pièces & procédures faites
,, devant tous autres Juges, concernant
,, l'accufation, doivent être portées au
,, Greffe du Juge pardevant lequel
,, l'Accufé fera conduit, *s'il eft ainfi par
,, lui ordonné* ". Mais l'on fent d'avance
que ce ne peut être ici le cas de l'application

plication de cet article qui n'a pour
objet que la jonction des procédures
qui ont été faites par différens Juges,
& qui concernent la même accusation :
au lieu que dans l'espèce particulière,
il s'agissoit de procédures faites par le
même Juge contre différentes personnes accusées de crimes différens ; la premiere accusation ayant pour objet un
sacrilège commis par la mutilation d'un
CHRIST ; & la derniere, qui concerne
singulièrement les trois Accusés dont il
s'agit, portant sur des *Blasphêmes* par
eux prétendus commis, pour avoir
chanté des chansons dont ils n'étoient
point les auteurs.

Rien ne peut donc, encore une fois,
excuser la précipitation du Juge d'Abbeville à ordonner, comme il a fait,
la jonction de deux procédures dont
les objets sont différens, sur la seule
plainte & information faite contre les
Accusés, sans attendre que la procédure
eût été réglée à l'extraordinaire, &
que les témoins eussent été récolés &
confrontés. Cette jonction prématurée
a eu, pour les Accusés, les conséquences les plus fâcheuses, en ce qu'elle

E

mis les Juges dans la néceffité de les
comprendre dans le Jugement définitif
qu'ils ont rendu contre les deux condamnés ; la jonction ne pouvant, comme on l'a dit, avoir lieu en matière
criminelle *.

Un troifième moyen qui frappe fin-
gulièrement fur la Sentence définitive,
confirmée par l'Arrêt, confifte en ce
que le Juge qui a préfidé à ces Sentences, a affecté de choifir pour Affeffeur
un Gradué, quoiqu'il y eût dans le
Siège des Officiers qui n'étoient pour
lors ni abfens, ni récufés, ni même
récufables. Que de plus, dans ce nombre des Gradués qui font attachés à

---

* C'eft pourtant le Juge capable de faire une pareille
faute dans une inftruction auffi importante, que l'Auteur d'un nouveau *Style criminel* fait regarder dans une
petite Préface écrite d'un ftyle très-précieux, comme
un Jurifconfulte des plus éclairés, un des meilleurs
Praticiens dans les formes criminelles. Quelques-uns
foupçonnerent, mais fans doute à tort, que cet oubli des
formes avoit un motif : en confondant ces deux plaintes, en inftruifant à la fois contre le fils du Confeiller
au Préfidial, & contre de la Barre, ce Juge écartoit,
difent-ils, un Magiftrat qui, par fon rang d'ancienne-
té, & par l'exclufion que donnoit la parenté aux
autres Juges, feroit devenu néceffairement le Juge
du Chevalier avec lui. (*Note de l'Editeur.*)

(81)

ce même Siège, il a affecté de ne point
prendre le plus ancien, fuivant l'ordre
du tableau; & que même celui qu'il a
choifi, ne faifoit point profeffion ac-
tuelle de l'état d'Avocat. En quoi l'on
peut dire que ce Juge a commis plufieurs contraventions aux Loix du
Royaume : d'abord à l'art. 11 du titre
25 de l'Ordonnance de 1670, qui
veut ,, qu'il ne foit pris des Gradués ,
,, qu'en cas que quelqu'un des Officiers
,, fût abfent, récufé, ou s'abftienne
,, pour caufe légitime, jugée telle par le
,, Siège ". 2°. A l article 20 du titre
14 de l'Ordonnance de 1667, qui
veut ,, qu'en cas de récufation de quel-
,, ques Juges, il foit procédé par un
,, autre des Juges ou Praticien du Siège,
,, non fufpeȼt aux Parties, felon l'ordre
,, du tableau " 3°. Enfin aux articles 17
& 19 de l'Ordonnance de François Ier.
en Décembre 1540 (a), qui portent
,, qu'il ne fera pris Confeillers, Avocats
,, ou Praticiens en Cour, autres que

_____

(a) Voyez la Conférence de Guenois,
Liv. 2, tit. 5, des Conventions.

E 2

,, ceux résidans & *pratiquans* en ladite
,, Cour où ils feront les Consultations,
,, & qui auront, *pendant trois ans con-*
,, *tinuels*, résidé & *pratiqué* en icelle
,, Cour, s'ils y font ; & qu'autrement
,, l'on pourra aller au plus prochain lieu
,, d'autre Siège, où il y aura gens sa-
,, vans & pratiquans, de telle qualité
,, que dessus ...., Et que, où celui
,, qui tient le Siège se trouve récusable,
,, il sera tenu céder le lieu à autre Juge,
,, si aucun y en a alors de l'expédition ;
,, & s'il n'y en a, *au plus ancien Avo-*
,, *cat* ".

C'est en faisant l'application de ces
Loix à l'espèce particuliere, que l'on
pourra faire valoir ces moyens particuliers de récusation & d'incapacité, qui
font énoncés dans le Mémoire, si l'on
est en état d'en administrer la preuve
par des actes de notoriété, ou AUTRE-
MENT.

Un quatrième moyen qui est com-
mun à tous les Accusés, est fondé sur
l'article 35 du titre 35 de l'Ordonnance de 1667, qui admet les mineurs
à se pourvoir contre les Jugemens où
ils n'ont point été défendus, ou ne

l'ont pas été valablement. Le plus âgé
des Accufés, comme on l'obferve dans
le Mémoire, a à peine atteint la dix-
feptième année. L'on vient de voir
d'ailleurs qu'on a totalement négligé
leur défenfe, en ne donnant point fuite
à l'appel de la Sentence de jonction,
qui étoit fi intéreffant pour eux. Mais
cette négligence paroît bien davantage
encore, en ce qu'on ne leur a point fait
donner, foit en première inftance, foit
fur l'appel, les requêtes d'*attenuation*,
qui font ufitées en pareil cas, & qui
font formellement autorifées par la difpofition de l'article 3 du titre 2 de
l'Ordonnance de 1670.

En vain oppoferoit-on à cet égard la
différence que les Loix mettent entre
la défenfe des mineurs en matière criminelle, & celle en matière civile, où
ils ne peuvent procéder fans l'affiftance
de leurs tuteurs ou curateurs. On convient que lorfqu'il s'agit de défendre à
une *accufation*, les mineurs n'ont pas
plus de privilège que les majeurs, &
qu'ils font tenus, comme eux, de répondre par leur propre bouche, parce
qu'ayant été capables de commettre le

E 3

crime, ils font cenfés être en état de fe
défendre ; mais cette rigueur doit ceffer
abfolument lorfque , comme dans le-
cas particulier, il s'agit de la *forme* dè
l'inftruction, à laquelle les mineurs, &
fur-tout lorfqu'ils font prifonniers tels
que l'un des Accufés, n'étant point en
état de veiller par eux-mêmes, & encore moins d'en relever les nullités , il
eft jufte de les laiffer jouir à cet égard
des mêmes privilèges qui leur font accor-
dés en matière civile ; & il n'y auroit pas
plus de raifon de les en priver, que de
leur interdire la voie de la Requête-ci-
vile, dont c'eft ici l'un des moyens les
plus ordinaires.

Enfin un cinquième moyen qui frappe
fur le fond , réfulte de la foibleffe, ou
plutôt de la fauffeté évidente des imputations alléguées contre les Accufés.
D'abord, quant à celui qui eft actuellement prifonnier, les prétendues preuves
qu'on lui oppofe fe tirent d'une part des
dépofitions des témoins ouis dans l'information fur laquelle il a été décrété ;
& de l'autre des aveux par lui faits dans
un fecond interrogatoire. Mais par rapport aux *dépofitions*, bien loin qu'il en

puisse résulter aucune preuve contre cet
Accusé, on peut dire qu'elles ne servent
au contraire qu'à favoriser sa justifica-
tion, en ce qu'en même tems que les
témoins y déclarent avoir vu l'Accusé
dans la compagnie de deux jeunes gens
qui passoient devant la Procession du
Saint Sacrement, ayant leur chapeau sur
leur tête, ils ajoûtent que l'Accusé avoit
le sien sous le bras. Quant à l'*aveu* par
lui fait dans son interrogatoire, d'avoir
chanté des chansons impies & blasphé-
matoires avec les deux Accusés contumax, pour faire juger du peu d'égard
que doit mériter un pareil aveu, il suffira d'observer 1°. qu'il est directement
contraire aux déclarations que ce même
Accusé avoit fait faites dans son premier
interrogatoire sous la religion du ser-
ment ; 2°. qu'il a été fait dans des circonstances qui ne permettent de le regarder que comme l'effet de l'altération
de son esprit, causée par les vives im-
pressions qu'avoit faites sur lui l'horreur
d'une prison, jointe à l'appareil d'une
procédure extraordinaire & à la foi-
blesse de son âge : altération prouvée
d'ailleurs par la singularité des détails où

il eſt entré ſur de certains points qui
étoient uniquement du reſſort du Tribunal de la pénitence, & qui en tout
cas ne pourroient nullement ſe concilier
avec cet eſprit d'irréligion que ſuppoſe
le crime dont on l'accuſe. 3°. Enfin ce
qui paroît trancher abſolument toute
difficulté à cet égard, c'eſt la rétractation
qu'il a faite de ces mêmes aveux dans un
dernier interrogatoire.

En effet cette rétractation eſt d'autant
plus importante en cette matière, qu'elle
comprend en même tems les déclarations
que cet Accuſé avoit faites contre les
deux *contumax*, & qui formoient préci-
ſément la ſeule preuve que l'on oppoſe
à ces derniers. Ainſi, quand ceux-ci
n'auroient déja pas en leur faveur les
principes, & les circonſtances qui s'éle-
vent contre ces ſortes de déclarations,
il ſuffit pour les écarter entièrement,
que celui qui les a faites n'y ait point
perſiſté; parce qu'en effet, de même que
les dépoſitions des témoins n'ont & ne
peuvent avoir de force qu'autant qu'elles
ſont confirmées par leur récollement,
l'on ne doit pas avoir égard aux déclarations d'un Accuſé, lorſqu'il vient à les

rétracter dans fon récollement fur fon interrogatoire.

Délibéré à Paris le 27 Juin 1766. Signés,
CELLIER,   TIMBERGUE,
D'OUTREMONT,   BENOIST fils,
MUYART DE VOUGLANS, TURPIN,
GERBIER,   LINGUET.

Nota. On a fait dans l'impreffion de cette Confultation le retranchement fuivant, pour des raifons particulieres qui ne fubfiftent pas ici.

Enfin un dernier moyen qui frappé également fur la difpofition de la Sentence définitive & de l'Arrêt, par laquelle il eft ordonné un furfis à l'égard des trois Accufés jufqu'après l'éxécution de cette Sentence, fe tire de l'irrégularité & de l'injuftice que renferme cette difpofition, d'abord en ce qu'elle introduit une forme de prononcer qui a été jufqu'ici inconnue, fur-tout dans les premiers Tribunaux, & qui eft abfolument contraire à la léttre & à l'efprit de l'Ordonnance, fuivant laquelle, dès le moment que le procès a été réglé à l'extraordinaire & fuivi de confrontation,

E 5

les Juges ne peuvent plus prononcer que
par abfolution ou condamnation, ou
tout au plus par un hors de Cour, ou un
plus amplement informé ; (art. 4 du tit.
20 de l'Ordonnance de 1670 ; voyez
auffi le procès-verbal de conférence fur
cet article) & qui, en un mot, à le
fuppofer admiffible, ne pourroit l'être
qu'autant qu'elle feroit précédée d'une
autre difpofition qui pût lui donner
quelqu'effet, en mettant le condamné
dans la néceffité de faire une déclaration
pour ou contre les Accufés, à l'égard
defquels on ordonne le furfis : l'on veut
parler de celle par laquelle on auroit ordonné la queftion préalable contre ce
même condamné, parce qu'en effet, en
n'ordonnant point cette queftion, comme dans le cas particulier, l'on laiffe
néceffairement le fort de ces derniers
dans une perpétuelle incertitude, à
caufe de la liberté qu'ont les condamnés de faire ou ne point faire de tefta-
mens de mort; car enfin, s'ils n'ufent
point de cette liberté, l'on pourra dire
que ce n'a été que dans la vue de fa-
vorifer l'accufé qui n'en reftera pas
moins noté aux yeux du Public, que

s'il avoit essuyé un hors de Cour.

En second lieu, parce que cette disposition est absolument illusoire, en
ce qu'elle fait dépendre le sort des accusés des déclarations d'un condamné,
qui, si elles leur sont contraires, ne
peuvent mériter aucun égard ; & cela,
non-seulement parce que, comme l'ob-
servent les Auteurs, il y a des accusés
dont la méchanceté ne les quitte qu'a-
vec la vie ; (voyez Bruneau, obs. cri.
tit. 21, max. 7 : voyez Jul. Clar. liv.
5, fin. Prat. crim 21, 20) mais encore
parce que l'infamie que produit leur
condamnation, les rend également incapables d'être témoins & accusateurs :
aussi ces mêmes Auteurs conviennent
unanimement que ces sortes de déclarations ne peuvent servir qu'à donner
lieu à la capture de ceux contre lesquels
elles sont faites ; & encore veulent-ils
pour cela, qu'il y ait un corps de délit
constant, & que le crime qui fait le
titre de l'accusation, soit de nature à
ne pouvoir être commis que par différentes personnes : c'est ce qu'on ne peut
dire assurément dans l'espèce particuliere.

E 6

Mais il y a plus, cette difpofition eft
abfolument irréguliere & illufoire. Elle
eft encore fouverainement injufte, en
ce que le furfis qu'elle ordonne, fuppofe néceffairement de deux chofes
l'une, ou qu'il y a déjà au procès quelque preuve acquife contre les accufés,
de manière qu'il ne manque plus que
la déclaration du condamné pour la
rendre complette, ou bien que l'on a
regardé la déclaration que pouvoit faire
le condamné, comme capable de former feule cette preuve. Or l'on vient
de voir d'après les principes les plus
notoires, qu'il n'eft pas poffible d'efpé-
rer aucune preuve concluante de l'événement de l'exécution. Il ne refte donc
plus qu'à écarter pareillement, d'après
les faits contenus dans le Mémoire,
celle que l'ou voudroit faire réfulter des
charges & informations.

Le Mémoire que nous venons de lire,
avoit jetté un fi grand jour, un jour fi
odieux fur le procès, qu'il ne fe trouvoit plus de Juges qui vouluffent fuivre
l'inftruction contre les autres co-accu-

fés. On intéreffa enfin l'un des Juges
de la Barre, qui avoit fignalé fa clémence, à quitter la campagne qu'il ha-
bitoit ordinairement. Il crut devoir
du moins admonêter le jeune & infortuné Moifnel qu'on avoit vu transféré
de prifon en prifon, accompagnant par-
tout le Chevalier de la Barre, & qu'on
croyoit près de partager fon fort. Les
deux autres contumaces n'eurent pas
même befoin de fe repréfenter, & furent
renvoyés abfous purement & fimplement. Ils s'adrefferent à ce Juge dans ces
circonftances, & lui préfenterent la
Requête fuivante.

---

*A Monfieur, M. LEFEBVRE
DE VILLERS, Juge-Criminel en
la Sénéchauffée de Ponthieu, &
Rapporteur du Procès des Parties.*

SUpplient humblement, Pierre-
François Dumaifniel de Saveufe &
Pierre - Jean - François Douville de
Maillefeu, demeurans en la Ville d'Ab-
beville ; difant, qu'il s'eft commis l'an

née derniere la nuit du 8 au 9 Août, *un attentat étrange* en cette Ville. Un Crucifix de bois exposé fur le pont-neuf à la vénération publique a été mutilé ; cette mutilation a donné lieu aux pourfuites les plus rigoureufes de la part de M. le Procureur-du-Roi en ce Siège pour en découvrir les Auteurs & les faire punir.

Ce Magiftrat ayant rendu une autre plainte dans cette affaire, fur des impiétés & blafphêmes commis dans la Ville, les Supplians ont eu le malheur d'être impliqués dans ce Procès, & d'être décrétés de prife-de-corps, par Sentence du trente Octobre audit an 1765 ; ils ont appris que la caufe de leur décret étoit que le fieur Moifnel, l'un des accufés, avoit dit, dans un interrogatoire, avoir entendu chanter à Douville de Maillefeu, deux chanfons licencieufes défignées au Procès fous le nom de *la Madelaine* & la *Saint-Cyr*, *qu'il ne favoit pas bien*, & au fieur Dumaifniel de Saveufe, *la Madelaine* feulement.

Les Supplians qui étoient fort affurés de ne pas avoir chanté ces chanfons, n'ont pas redouté l'inſtruction qui a été faite par contumace contre eux, pour en acquérir la preuve.

Le ſieur Moiſnel qui les avoit accuſés de leur avoir entendu chanter ces chanſons, a reconnu lui-même au récollement l'injuſtice de ſon acccuſation. Il a dit qu'il avoit eu tort de déclarer qu'il eût entendu chanter aux Supplians les deux chanſons *qui ſeules faiſoient leur crime*, & qui avoient donné lieu au décret rigoureux décerné contre eux.

Ne ſe trouvant aucune charge telle qu'elle ſoit contre les Supplians, ils étoient dans le cas d'attendre promptement leur renvoi *pur & ſimple* de cette accuſation; mais comme les Supplians ſe trouvoient impliqués dans un Procès où il y avoit pluſieurs accuſés, ils ont été détenus dans les liens du décret pendant dix mois & plus. Ils ont été obligés pendant ce long intervalle d'être fugitifs; & ce n'a été que le 10 de Septembre, préſent mois, que les Supplians, ſe trouvant pleinement juſtifiés par la rétractation du ſieur *Moiſnel*, du fait qu'il leur avoit mal-à-propos im-

puté, vous les avez , par votre Sentence
définitive , déchargés & renvoyés de
l'accufation : la juftice que vous avez eu
la bonté de rendre aux Supplians, ne
feroit pas entière fi elle n'étoit pas connue & publique.

L'affaire malheureufe dans laquelle
ils ont été enveloppés, a acquis dans le
Royaume, & même dans les pays étrangers la plus grande publicité. Elle a fait
l'objet de tous les entretiens & des Pa-
piers publics pendant un long temps ;
on en a nommé tous fes accufés; on
leur a imputé des crimes horribles.
Deux d'entre les accufés ayant été condamnés à des peines capitales, les Supplians qui étoient compris dans le Procès, ont eu la douleur de voir leurs
noms dans l'Arrêt de condamnation,
qui a été imprimé, affiché & diftribué
dans toute la France.

Il eft de la dernière importance pour
les Supplians d'effacer les impreffions
finiftres que le Public a prifes fur leur
compte. Il faut que leur innocence foit
connue & publique, & ils ne fauroient
la faire éclater qu'en obtenant de vous
la permiffion de faire imprimer la Sen-

tence qui a prononcé leur abfolution.

CE CONSIDERE', Monfieur, il vous
plaife permettre aux Supplians de faire
imprimer, afficher & publier votre Sentence dudit jour 1o Septembre, préfent
mois, qui les a déchargés de l'accufation intentée contre eux en ce qui les
concerne, & vous ferez juftice, confti-
tuant *Nicolas Berte* pour leur Procureur. Préfenté le 18 Septembre 1766,
DUMAISNIEL DE SAVEUSE, DOUVILLE
DE MAILLEFEU, *B E R T E*, avec paraphe.

Soit fait ainfi qu'il eft requis. *A Abbeville*, *ce dix-huit Septembre mil fept
cent foixante-fix*. Signé, LEFEBVRE DE
VILLERS, avec paraphe.

---

*E X T R A I T des Minutes du Greffe
Criminel de la Sénéchauffée de
Ponthieu à Abbeville.*

NOus, par notre Sentence & Jugement, avons déclaré la contumace bien inftruite contre Pierre-Jean-

François Douville de Maillefeu ; &
Pierre-François Dumaifniel de Saveufe, & prononçant fur le chef d'accufation formé contre eux, les en avons
déchargés & renvoyés quittes & abfous.
Fait & arrêté en la Chambre du Confeil
criminel de la Sénéchauffée de Ponthieu, à Abbeville, ce dix Septembre
mil fept cent foixante-fix. *Signé*, Le-
febve de Villers, Crignon, &
Lefebvre, *avec paraphes.*

LETTRE

De Monfieur Cassen, *Avocat au
Confeil du Roi*, à *Monfieur le
Marquis de* Beccaria.

Le 15 Juillet 1766.

IL femble, Monfieur, que toutes les
fois qu'un génie bienfaifant cherche
à rendre fervice au genre-humain, un
démon funefte s'éleve auffi-tôt pour dé-
truire l'ouvrage de la raifon.

A peine eûtes-vous inftruit l'Europe

par votre excellent Livre fur les Délits
& les Peines, qu'un homme, qui fe dit
Jurifconfulte, écrivit contre vous en
France; vous aviez foutenu la caufe de
l'humanité, & il fut l'Avocat de la barbarie. C'eft peut-être ce qui a préparé
la cataftrophe du jeune Chevalier de la
Barre, âgé de dix-neuf ans, & du fils
du Préfident de B***, qui n'en avoit pas
encore dix-huit.

Avant que je vous raconte, Monfieur,
cette horrible aventure qui a indigné
l'Europe entière, (excepté peut-être
quelques fanatiques ennemis de la nature
humaine) permettez-moi de pofer ici
deux principes que vous trouverez in-
conteftables.

1°. Quand une nation eft encore affez
plongée dans la barbarie pour faire fubir
aux Accufés le fupplice de la torture,
c'eft-à-dire, pour leur faire fouffrir mille
morts au lieu d'une, fans favoir s'ils font
innocens ou coupables; il eft clair au
moins qu'on ne doit point exercer cette
énorme fureur contre un Accufé quand
il convient de fon crime, & qu'on n'a
plus befoin d'aucune preuve.

2°. Il eft auffi abfurde que cruel de

punir les violations des usages reçus dans
un pays, les délits commis contre l'opinion régnante, & qui n'ont opéré aucun
mal physique, du même supplice dont
on punit les parricides & les empoisonneurs.

Si ces deux règles ne sont pas démon-
trées, il n'y a plus de loix, il n'y a plus
de raison sur la terre : les hommes sont
abandonnés à la plus capricieuse tyrannie, & leur sort est fort au-dessous de
celui des bêtes.

Ces deux principes établis, je viens,
Monsieur, à la funeste histoire que je
vous ai promise.

Il y avoit dans Abbeville, petite Cité
de Picardie, une Abbesse, fille d'un
Conseiller d'Etat très-estimé. C'est une
Dame aimable, de mœurs très - régu-
lieres, d'une humeur douce & enjouée,
bienfaisante, & sage sans superstition.

* Un nommé *Soicourt*, espèce de Ju-

---

* Il y avoit un autre début dans des Editions anté-
rieures à cette dernière. On y chargeoit M. de Belleval. C'étoit sa haine qui paroissoit avoir provoqué,
poussé le sieur de Soicourt. On a bien fait de suppri-
mer ce passage. Tout le mal que fit cet Officier de
l'Election, se réduit à ce que nous en avons dit dans
une note. Il est regardé d'ailleurs dans sa patrie com-

risconsulte d'Abbeville *, était ulcéré
contre cette Dame, parce que lui ayant
demandé pour son fils une Demoiselle
riche & de qualité, pensionnaire dans
ce Couvent, elle l'avait mariée à un autre. Ce *Soicourt* venait encore de perdre
un procès contre un citoyen d'Abbeville, pere d'un des jeunes gens qui furent impliqués dans l'horrible aventure
du Chevalier de la Barre. *Soicourt* cher-
chait à se venger. Il avait tout le fanatisme du Capitoul de Toulouse, David,
principal assassin des Calas, & il joignait
l'hypocrisie à ce fanatisme.

Madame l'Abbesse avait fait venir chez
elle dans ce tems-là, en 1764, le Chevalier de la Barre son neveu, petit-fils
d'un Lieutenant-Général des Armées,
mais dont le pere avait dissipé une for-
tune de plus de quarante mille livres de
rente. Elle prit soin de ce jeune homme,
comme de son fils, & elle était prête de

___

me un honnête Citoyen. Nous voyons que l'Auteur
qui a écrit sous le nom de M. d'Etalonde, dans sa
Requête au Roi, a voulu corriger encore mieux cette
erreur ; mais la manière dont il le fait, est gauche &
embarrassée.

* C'étoit réellement un Magistrat

lui faire obtenir une compagnie de Ca-
valerie : il fut logé dans l'extérieur du
Couvent, & Madame sa tante lui don-
nait souvent à souper, ainsi qu'à quelques jeunes gens de ses amis. Le sieur
Soicourt commença d'abord par accuser
ce Chevalier, auprès de l'Evêque d'A-
miens, de s'être habillé en fille dans le
Couvent.

Il sut que le Chevalier de la Barre &
le jeune d'Etalonde, fils du Président de
la Ville, avaient passé depuis peu à quarante pas d'une Procession de Capucins,
sans ôter leur chapeau : c'était au mois
de Juillet 1765. Il chercha dès ce moment à faire regarder cet oubli momen-
tané des bienséances comme une insulte
préméditée faite à la religion. Tandis
qu'il ourdissait secrettement cette tra-
me, il arriva malheureusement que le 9
Août de la même année, on s'apperçut
que le Crucifix de bois posé sur le pont
neuf d'Abbeville était endommagé, &
l'on soupçonna que des soldats ivres
avaient commis cette insolence impie.

Je ne puis m'empêcher, Monsieur,
de remarquer ici qu'il est peut-être indécent & dangereux d'exposer sur un pont

ce qui doit être révéré dans un Temple
Catholique ; les voitures publiques pu-
vent aisément le brifer ou le renverfer
par terre. Des ivrognes peuvent l'inful-
ter au fortir d'un Cabaret, fans favoir
même quel excès ils commettent. Il faut
remarquer encore que ces ouvrages
groffiers, ces Crucifix de grand chemin,
ces Enfans JESUS qu'on voit dans des
niches de plâtre au coin des rues de plufieurs Villes, ne font pas un objet d'adoration tels qu'ils le font dans nos Egli-
fes : cela eft fi vrai, qu'il eft permis de
paffer devant ces images fans les faluer.
Ce font des monumens d'une piété mal
éclairée ; & au jugement de tous les
hommes fenfés, ce qui eft faint ne doit
être que dans le lieu faint.

Malheureufement l'Evêque d'Amiens
étant auffi Evêque d'Abbeville, donna
à cette aventure une célébrité, & une
importance qu'elle ne méritait pas. Il fit
lancer des monitoires ; il vint faire une
Proceffion folemnelle auprès de ce Crucifix, & on ne parla dans Abbeville que
de facrilèges pendant une année entiere.
On difait qu'il fe formait une nouvelle
fecte qui brifait tous les Crucifix, qui

jettait par terre toutes les hosties , & les
perçait à coups de couteaux. On assurait
qu'elles avaient répandu beaucoup de
sang. Il y eut des femmes qui crurent en
avoir été témoins. On renouvella tous
les contes calomnieux répandus contre
les Juifs dans tant de Villes de l'Europe.
Vous connaissez , Monsieur , à quel excès la populace porte la crédulité & le
fanatisme , trop souvent encouragés par
quelques Moines.

Soicourt voyant les esprits échauffés ,
confondit malicieusement ensemble l'a-
venture du Crucifix & celle de la Procession , qui n'avoient aucune conne-
xité. Il rechercha toute la vie du Chevalier de la Barre : il fit venir chez lui
valets , servantes , manœuvres ; * il leur
dit d'un ton d'inspiré qu'ils étoient
obligés en vertu des monitoires , de révéler tout ce qu'ils avoient pu apprendre à la charge de ce jeune-homme ;
ils répondirent tous qu'ils n'avoient jamais entendu dire que le Chevalier de

---

* On a vu par la liste des témoins qu'il y en avoit
d'une condition très - supérieure , & même d'un rang
distingué.

la

la Barre eût la moindre part à l'endom-
magement du Crucifix.

On ne découvrit aucun indice touchant cette mutilation, & même alors
il parut fort douteux que le Crucifix eût
été mutilé exprès. On commença à
croire (ce qui est assez vraisemblable)
que quelque charrette chargée de bois
avait causé cet accident *.

Mais, dit *Soicourt* à ceux qu'il vou-
lait faire parler, si vous n'êtes pas sûrs
que le Chevalier de la Barre ait mutilé
un Crucifix en passant sur le pont, vous
savez au moins que cette année au mois
de Juillet, il a passé dans une rue avec
deux de ses amis à trente pas d'une procession sans ôter son chapeau. Vous
avez ouï dire qu'il a chanté une fois des
chansons libertines ; vous êtes obligés
de l'accuser sous peine de péché mortel.

Après avoir aiguisé ainsi le poignard
qu'on appelle le glaive de la justice, il
tint la place de Lieutenant-Criminel,
pour frapper des enfans innocens avec
ce poignard.

---

* On n'a jamais cru cela à Abbeville , & l'on voit
bien par les détails de la plainte, qu'il n'en pouvoit
être ainsi. (*Note de l'Editeur.*)

F

La procédure une fois commencée, il y eut une foule de délations ; chacun disait ce qu'il avait vu ou cru voir, ce qu'il avait entendu ou cru entendre. Le trouble, la désolation étoient dans toute la Ville. Elle tremblait sous trois Juges qui jugerent cet affreux procès. Et qui étoient ces trois Juges? ce *Soicourt*, un nommé *Broutelles*, autrefois Procureur, depuis marchand de bois, de vin, de cochons, qui ne fut jamais reconnu pour Avocat ; j'ignore quel était le troisième. C'est de ce petit aréopage que dépendait l'honneur & la vie de plusieurs Gentilshommes, dont le plus vieux avait dix-neuf ans, & les autres sortaient de l'enfance.

Voici, Monsieur, quelles sont les charges.

Le 13 Août 1765, six témoins déposent qu'ils ont vu passer trois jeunes gens à trente pas d'une procession, que les sieurs de la Barre & d'Etalonde avaient leur chapeau sur la tête, & le sieur Moisnel le chapeau sous le bras.

Dans une addition d'information, une Elizabeth Lacrivel dépose avoir entendu dire à un de ses cousins, que ce coufin avait entendu dire au Chevalier de la Barre, qu'il n'avait pas ôté son chapeau.

Le 26 Septembre, une femme du peuple nommée Urfule Gondalier, dépofe qu'elle a entendu dire que le Chevalier de la Barre voyant une image de S. Nicolas en plâtre chez la fœur Marie, Tourrière du Couvent, il demanda à cette Tourrière fi elle avait acheté cette image pour avoir celle d'un homme chez elle.

La nommée Beauvarlet dépofe que le Chevalier de la Barre a proféré un mot impie en parlant de la Vierge Marie,

Claude, dit Sélincourt, témoin unique, dépofe que l'accufé lui a dit que les Commandemens de Dieu ont été faits par des Prêtres ; mais à la confrontation, l'accufé foutient que Sélincourt eft un calomniateur, & qu'il n'a été queftion que des Commandemens de l'Eglife.

Le nommé Hecquet, témoin unique, dépofe que l'accufé lui a dit ne pouvoir comprendre comment on avait adoré un Dieu de pâte. L'accufé, dans la confrontation, foutient qu'il a parlé des Egyptiens.

F 2

Nicolas la Vallée dépose qu'il a entendu chanter au Chevalier de la Barre
deux chansons libertines de corps-de-
garde. L'accusé avoue qu'un jour étant
yvre il les a chantées avec le sieur d'Etalonde, sans savoir ce qu'il disait ; que
dans cette chanson on appelle à la vérité la sainte Marie-Madelaine *putain* ;
mais qu'avant sa conversion elle avoit
mené une vie débordée. Il est convenu
d'avoir récité l'Ode à Priape du sieur
Pirron.

Le nommé Hecquet dépose encore
dans une addition, qu'il a vu le Chevalier de la Barre faire une petite gé-
nuflexion devant les Livres intitulés,
Thérèse philosophe, la *Tourrière des*
Carmélites, & le *Portier des Chartreux*.
Il ne désigne aucun autre Livre ; mais
au récollement & à la confrontation, il
dit qu'il n'est pas sûr que ce fut le Chevalier de la Barre qui fit ces génufle-
xions.

Le nommé la Cour dépose qu'il a entendu dire à l'Accusé au nom du C . . . ,
au lieu de dire au nom du Père , &c. Le
Chevalier , dans son interrogatoire sur
la sellette , a nié ce fait.

Le nommé Petignat dépose qu'il a
entendu l'Accusé réciter les Litanies du
C..., telles à-peu-près qu'on les trouve
dans Rabelais, & que je n'ose rapporter
ici. L'Accusé le nie dans son interrogatoire sur la sellette : il avoue qu'il a en
effet prononcé C...; mais il nie tout
le reste.

Ce sont-là, Monsieur, toutes les ac-
cusations que j'ai vues portées contre le
Chevalier de la Barre, le sieur Moisnel,
le sieur d'Etalonde, Jean - François
Douville de Maillefeu, & le sieur de
Saveuse.

Il est constaté qu'il n'y avait eu aucun
scandale public, puisque de la Barre &
Moisnel ne furent arrêtés que sur des
monitoires lancés à l'occasion de la mutilation du Crucifix, dont ils ne furent
chargés par aucun témoin. On rechercha toutes les actions de leur vie, leurs
conversations secrettes, des paroles
échappées un an auparavant ; on accu-
mula des choses qui n'avaient aucun
rapport ensemble, & en cela même la
procédure fut très-vicieuse.

Sans ces monitoires & sans les mou-
vemens violens que se donna le fanatis-

me, il n'y aurait jamais eu, de la part
de ces enfans infortunés, ni fcandale,
ni procès criminel. Le fcandale public
a été, fur-tout dans le procès même.

Le monitoire d'Abbeville fit précifément le même effet que celui de Touloufe contre les Calas ; il troubla les
cervelles & les confciences. Les témoins
excités par un Juge même, comme ceux
de Touloufe l'avaient été par le Capitoul David, rappellerent dans leur mémoire des faits, des difcours vagues,
dont il n'était guère poffible qu'on pût
fe rappeller exactement les circonftances ou favorables ou aggravantes.

Il faut avouer, Monfieur, que s'il y
a quelques cas où un monitoire eft néceffaire, il y en a beaucoup d'autres où
il eft très-dangereux. Il invite les gens
de la lie du peuple à porter des accu'a-
tions contre les perfonnes élevées au-
deffus d'eux, dont ils font toujours jaloux. C'eft alors un ordre intimé pár
l'Eglife de faire le métier infâme de dé-
lateur. Vous êtes menacés de l'enfer, fi
vous ne mettez pas votre prochain en
péril de fa vie.

Il n'y a peut-être rien de plus illégal

(109)

dans les Tribunaux de l'Inquifition; &
une grande preuve de l'illégalité de ces
monitoires, c'eft qu'ils n'émanent point
directement des Magiftrats, c'eft le
pouvoir Eccléfiaftique qui les décerne,
Chofe étrange qu'un Eccléfiaftique qui
ne peut juger à mort, mette ainfi dans la
main des Juges le glaive qu'il lui eft dé-
fendu de porter !

Il n'y eut d'interrogés que le Chevalier & le fieur Moifnel, enfant d'environ
quinze ans. Moifnel, tout intimidé, &
entendant prononcer au Juge le mot
d'attentat contre la réligion, fut fi hors
de lui, qu'il fe jetta à genoux, & fit
une confeffion générale, comme s'il eût
été devant un Prêtre. Le Chevalier de
la Barre, plus inftruit & d'un efprit plus
ferme, répondit toujours avec beaucoup
de raifon, & difculpa Moifnel, dont il
avait pitié. Cette conduite, qu'il eut
jufqu'au dernier moment, prouve qu'il
avait une belle ame. Cette preuve aurait
dû être comptée pour beaucoup aux
yeux des Juges intelligens, & ne lui fer-
vit de rien.

Dans ce procès, Monfieur, qui a eu

F 4

des fuites fi affreufes, vous ne voyez que
des indécences réprimables, & pas une
action noire ; vous n'y trouvez pas un
feul de ces délits qui font des crimes
chez toutes les nations, point de bri-
gandage, point de violence, point de
lâcheté ; rien de ce qu'on reproche à ces
enfans, ne ferait même un délit dans les
autres communions chrétiennes. Je fuppofe que le Chevalier de la Barre & M.
d'Etalonde aient dit que *l'on ne doit pas
adorer un Dieu de pâte*, ils ont commis
une très-grande faute parmi nous ; mais
c'eft précifément, & mot-à-mot, ce
que difent tous ceux de la religion réformée.

Le Chancelier d'Angleterre pronon-
cerait ces mots en plein Parlement, fans
qu'ils fuffent relevés par perfonne. Lorfque Mylord Lockart était Ambaffa-
deur à Paris, un Habitué de Paroiffe
porta furtivement l'Euchariftie dans
fon hôtel à un domeftique malade, qui
était Catholique. Mylord Lockart qui
le fut, chaffa l'Habitué de fa maifon. Il
dit au Cardinal Mazarin, qu'il ne fouf-
frirait pas cette infulte. Il traita en pro-

pres termes l'Euchariftie de Dieu de
pâte & d'idolâtrie. Le Cardinal Mazarin lui fit des excufes.

Le grand Archevêque Tillotfon, le
meilleur Prédicateur de l'Europe, &
prefque le feul qui n'ait point désho-
noré l'éloquence par de fades lieux
communs, ou par de vaines phrafes
fleuries comme Cheminais, ou par de
faux raifonnemens comme Bourdaloue;
l'Archevêque Tillotfon, dis-je, parle
précifément de notre Euchariftie comme le Chevalier de la Barre. Les mêmes
paroles refpeétées dans Mylord Lockart
à Paris, & dans la bouche de Mylord
Tillotfon à Londres, ne peuvent donc
être en France qu'un délit local, un
délit de lieu & de tems, un mépris de
l'opinion vulgaire, un difcours échappé
au hazard devant une ou deux perfonnes ? N'eft-ce pas le comble de la
cruauté de punir ces difcours fecrets,
du même fupplice dont on puniroit celui qui aurait empoifonné fon pere &
fa mere, & qui aurait mis le feu aux
quatre coins de la Ville ?

Remarquez, Monfieur, je vous en
fupplie, combien on a deux poids &

E ij

deux mesures. Vous trouverez dans la 24.^{the} Lettre Persanne de M. de Montesquieu, Président à Mortier du Parlement de Bordeaux, de l'Académie Françoise, ces propres paroles : *Ce Magicien s'appelle le Pape ; tantôt il fait croire que trois ne sont qu'un ; tantôt que le pain qu'on mange, n'est pas du pain, & que le vin qu'on boit, n'est pas du vin ;* & mille autres traits de cette espèce.

M. de Fontenelle s'était exprimé de la même manière dans sa Relation de Rome & de Genève, sous le nom de *Mero* & d'*Enegu*. Il y avait dix mille fois plus de scandale dans ces paroles de Mrs. de Fontenelle & de Montesquieu, exposées par la lecture aux yeux du Public, qu'il n'y en avoit dans deux ou trois mots échappés au Chevalier de la Barre devant un seul témoin : paroles perdues dont il ne restait aucune trace. Les discours secrets devraient être regardés comme des pensées : c'est un axiôme dont la plus détestable barbarie doit convenir.

Je vous dirai plus, Monsieur : il n'y a point en France de loi expresse, qui condamne à mort pour des blasphêmes.

L'Ordonnance de 1666, prescrit une
amende pour la premiere fois, le dou-
ble pour la seconde, &c. & le pilori
pour la sixième récidive.

Cependant les Juges d'Abbeville,
par une ignorance & une cruauté inconcevable, condamnerent le jeune
d'Etalonde, âgé de dix-huit ans, 1°. à
souffrir le supplice de l'amputation de
la langue jusqu'à la racine ; ce qui s'exé-
cute de manière que si le patient ne
présente pas la langue lui-même, on la
lui tire avec des tenailles de fer, & on
la lui arrache.

2°. On devoit lui couper la main
droite à la porte de la principale Eglise.

3°. Ensuite il devoit être conduit
dans un tombereau à la place du marché ; être attaché à un poteau avec une
chaîne de fer, & être brûlé à petit feu.
Le sieur d'Etalonde avoit heureusement
épargné à ses Juges l'horreur de cette
exécution, par la fuite.

Le Chevalier de la Barre étant entre
leurs mains, ils eurent l'humanité d'a-
doucir la sentence, en ordonnant qu'il
serait décapité avant d'être jetté dans
les flammes : mais s'ils diminuerent le

F 3

fupplice d'un côté, ils l'augmenterent
de l'autre, en le condamnant à fubir la
queftion ordinaire & extraordinaire,
pour lui faire déclarer fes complices ;
comme fi des extravagances de jeune-
homme, des paroles emportées dont il
ne refte pas le moindre veftige, étaient
un crime d'Etat, une confpiration. Cette
étonnante fentence fut rendue le 28
Février de l'année 1766.

La Jurifprudence de France eft dans
un fi grand chaos, & conféquemment
l'ignorance des Juges de Provinces eft
fi grande, que ceux qui porterent cette
fentence, fe fonderent fur une Déclaration de Louis XIV. émanée en 1682,
à l'occafion des prétendus fortilèges &
empoifonnemens réels commis par la
Voifin, la Vigoureux, & les deux Prêtres nommés le Vigoureux & le Sage.
Cette Ordonnance de 1682, prefcrit,
à la vérité, la peine de mort pour le
facrilège joint à la fuperftition; mais
il n'eft queftion dans cette loi que de
magie & de fortilège, c'eft-à-dire, de
ceux qui, en abufant de la crédulité du
peuple, & en fe difant magiciens, font
à la fois profanateurs & empoifonneurs,

Voilà la lettre & l'esprit de la loi ; il
s'agit dans cette loi de faits criminels,
pernicieux à la société, & non pas de
vaines paroles, d'imprudences, de lé-
geretés, de sottises commises sans aucun dessein prémédité, sans aucun complot, sans même aucun scandale public.

Que diroit-on d'un Juge qui con-
damnerait aux galères perpétuelles une
famille honnête, pour avoir entrepris
un pélérinage à Notre-Dame de Lorette, sous prétexte qu'en effet il y a
une loi de Louis XIV. enrégistrée,
laquelle condamne à cette peine les
vagabonds, les artisans qui abandon-
nent leur profession, qui mènent une
vie licencieuse, & qui vont en pélérinage
à Notre-Dame de Lorette, sans une
permission signée du Ministre d'Etat ?

Les Juges de la Ville d'Abbeville
semblaient donc pécher visiblement
contre la loi autant que contre l'humanité, en condamnant à des supplices
aussi épouventables que recherchés,
deux Gentilshommes qui n'avoient fait
de mal à personne, tous deux dans un
âge où l'on ne pouvait regarder leur
imprudence que comme un égarement

qu'un mois de prison aurait corrigé. Il
y avoit même si peu de corps de délit,
que les Juges, dans leur sentence, se
servent de ces termes vagues & ridicules, employés par le petit peuple, *pour
avoir chanté des chansons abominables
& exécrables contre la Vierge Marie,
les Saints & Saintes*; remarquez, Monsieur, qu'ils n'avaient chanté *ces chansons abominables & exécrables contre les
Saints & Saintes*, que devant un seul
témoin qu'ils pouvoient récuser légale-
ment. Ces épithètes sont-elles de la
dignité de la Magistrature? Une ancienne chanson de table n'est, après
tout, qu'une chanson. C'est le sang humain légérement répandu ; c'est la torture ; c'est le supplice de la langue arra-
chée, de la main coupée, du corps jetté
dans les flammes, qui *est abominable &
exécrable.*

La Sénéchaussée d'Abbeville ressortit
au Parlement de Paris. Le Chevalier
de la Barre y fut transféré ; son procès
y fut *instruit*. Huit des plus célèbres
Avocats de Paris signerent une Con-
sultation, par laquelle ils démontrerent
l'illégalité des procédures, & l'indul-

gence qu'on doit à des enfans mineurs,
qui ne font accufés ni d'un complot, ni
d'un crime réfléchi; le Procureur-Général verfé dans la Jurifprudence, conclut à réformer la fentence d'Abbeville.
Il y avait ving-cinq Juges, dix acquief-
cerent aux conclufions du Procureur-
Général; les quinze autres, animés par
des principes refpectables, dont ils ti-
raient des conclufions affreufes, fe crurent obligés de confirmer cette abominable fentence le 5 Juin de cette année
1766 *. Ils voulaient fignaler leur zèle
pour la Religion catholique; mais ils
pouvaient être religieux fans être meur-
triers.

Il eft trifte, Monfieur, que cinq
voix fur vingt-cinq fuffifent pour arracher la vie à un accufé, & quelquefois
à un innocent. Ne faudroit-il pas peut-
être dans un tel cas de l'unanimité? Ne
faudroit-il pas au moins que les trois
quarts des voix concluffent à la mort?

---

* Les Députés du Clergé étoient alors à Verfailles,
après la diffolution de l'Affemblée générale. (*Note de*
l'Éditeur.)

Encore en ce dernier cas le quart des
Juges qui mitigerait l'Arrêt, ne pour-
rait-il pas, dans l'opinion des cœurs bien
faits, l'emporter fur les trois quarts ? Je
ne vous propose cette idée que comme
un doute, en refpectant le fanctuaire
de la Justice, & en le plaignant.

Le Chevalier de la Barre fut renvoyé
à Abbeville pour y fubir fon horrible
fupplice ; & c'est dans la patrie des plai-
firs & des arts qui adouciffent les mœurs,
dans ce même Royaume fi fameux par
les graces & par la molleffe, qu'on voit
de ces horribles aventures. Mais favez-
vous que ce pays n'est pas moins fameux
par la S. Barthélémi, & par les plus
énormes cruautés ?

Enfin, le premier Juillet de cette année fe fit, dans Abbeville, cette exécution trop mémorable. Cet enfant fut
d'abord appliqué à la torture. Voici
quel est ce genre de tourment.

Les jambes du patient font ferrées
entre des ais ; on enfonce des coins de
fer ou de bois entre les ais & les genoux;
les os en font brifés. Le Chevalier s'é-
vanouit ; mais il revint bientôt à lui à
l'aide de quelques liqueurs fpiritueufes,

& déclara, sans se plaindre, qu'il n'avait
point de complices *.

On lui donna pour Confesseur &
pour assistant un Dominicain, ami de
sa tante l'Abbesse, avec lequel il avait
souvent soupé dans le Couvent. Ce bon
homme pleurait, & le Chevalier le con-
solait. On leur servit à dîner. Le Dominicain ne pouvait manger. *Prenons
un peu de nourriture*, lui dit le Chevalier, *vous aurez besoin de force autant
que moi pour soutenir le spectacle que je
vais donner.*

Le spectacle en effet était terrible.
On avait envoyée de Paris cinq bourreaux pour cette exécution. Je ne puis
dire en effet, si on lui coupa la langue
& la main. Tout ce que je sais par les
lettres d'Abbeville, c'est qu'il monta
sur l'échaffaut avec un courage tranquille, sans plainte, sans colère & sans
ostentation. Tout ce qu'il dit au Religieux qui l'assistoit, se réduit à ces
paroles : *Je ne croyais pas qu'on pût faire*

---

* Peut-être devoit-on dire ici que le Procès-verbal
de torture fait mention que de la Barre s'avoüa coupable d'avoir couvert d'ordures le Crucifix placé dans
le cimetière de Ste. Catherine. (*Note de l'Éditeur.*)

mourir un jeune-homme pour si peu de chose *.

Il serait devenu certainement un excellent Officier ; il étudiait la guerre par principes ; il avait fait des remarques sur quelques ouvrages du Roi de Prusse & du Maréchal de Saxe, les deux plus grands Généraux de l'Europe §.

Lorsque la nouvelle de sa mort fut reçue à Paris, le Nonce dit publiquement qu'il n'aurait point été traité ainsi à Rome ; & que s'il avait avoué ses fautes à l'Inquisition d'Espagne ou de Portugal, il n'eût été condamné qu'à une pénitence de quelques années.

Je vous prie, Monsieur, de vouloir bien me communiquer vos pensées sur cet événement.

Chaque siècle voit de ces catastro-

* L'Auteur ne fut pas instruit de tout ce qu'il dit : on l'a vu au chapitre des Particularités sur sa mort. Il mangea son poulet & but sa bouteille de vin au dîner dont on parle ci-dessus. (*Note de l'Editeur.*)

§ Cette manière de le peindre est propre sans doute à le rendre intéressant ; mais ce qu'il y a de vrai, c'est que de la Barre étoit regardé comme un jeune-homme doux, simple, modeste, dont l'éducation avoit été très-négligée, & qui, par ses études, étoit en chemin de réparer ce que la ruine de ses parens avoit été forcée de refuser à sa jeunesse. (*Note de l'Editeur.*)

phes qui effraient la nature. Les circonftances ne font jamais les mêmes.
Ce qui eût été regardé avec indulgence
il y a quarante ans, peut attirer une
mort affreufe quarante ans après. Le
Cardinal de Retz prend féance au Parlement de Paris avec un poignard qui
déborde quatre doigts hors de fa fou-
tane; & cela ne produit qu'un bon mot.
Des Frondeurs jettent par terre le Saint
Sacrement qu'on portoit à un malade,
domeftique du Cardinal Mazarin, &
chaffent les Prêtres à coups de plat
d'épée, & on n'y prend pas garde. Ce
même Mazarin, ce premier Miniftre
revêtu du Sacerdoce, honoré du Car-
dinalat, eft profcrit fans être entendu,
fon fang eft proclamé à cinquante mille
écus. On vend fes livres pour payer fa
tête, dans le tems même qu'il conclut
la paix de Munfter, & qu'il rend le repos à l'Europe; mais on n'en fait que
rire, & cette profcription ne produit
que des chanfons.

Altri tempi, *altre cure*; ajoûtons d'autres tems, d'autres malheurs, & ces
malheurs s'oublieront pour faire place
à d'autres. Soumettons-nous à la Pro-

vidence qui nous éprouve tantôt par
des calamités publiques, tantôt par des
défaſtres particuliers. Souhaitons des
loix plus ſenſées, des Miniſtres des loix
plus ſages, plus éclairés, plus humains.

Dès que la nouvelle de la mort de la
Barre s'étoit répandue, le bruit courut
que le plus célebre Ecrivain de la nation vouloit quitter la France. On ſait
du moins que dans une lettre il s'exprimoit ainſi.

„ Il eſt vrai que j'ai été ſaiſi de l'in-
„ dignation la plus vive & en même
„ tems la plus durable; mais je n'ai pas
„ pris le parti qu'on ſuppoſe. J'en ſerois
„ très-capable, ſi j'étois plus jeune &
„ plus vigoureux; mais il eſt très-diffi-
„ cile de ſe tranſporter à mon âge, &
„ dans l'état de langueur où je ſuis.
„ J'attendrai ſous les arbres que j'ai
„ plantés, le moment que je n'entendrai
„ plus parler des horreurs qui font pré-
„ férer les ours de nos montagnes à des
„ ſinges, à des tigres déguiſés en hom-
„ mes ".

Tandis que cet Ecrivain immortel

(123)

faifoit d'abord entendre les !gémiffe-
mens de fon indignation dans la Suiffe
& dans l'Italie, paroiffoit à Londres un
Ouvrage remarquable par la nouveauté
des idées, par la chaleur du ftyle, par
la richeffe des métaphores (*la Théo-
rie des Loix civiles*), où on parloit
auffi de l'affaire de cette mutilation, M.
Linguet adreffoit fon Livre à M. Douville, Confeiller au Préfidial d'Abbeville, fon ami. Il étoit queftion de faire
voir combien nos Loix font confufes
& embarraffées, dans quel chaos nous
vivons. L'occafion de parler de l'affaire
d'Abbeville, venoit affez naturelle-
ment. L'Auteur écrivoit ainfi.

„ L'hiftoire de l'affaire où j'ai eu le
bonheur de vous fervir, feroit peut-être
le meilleur fupplément que je puffe
donner à mon Livre. Si les détails en
étoient bien connus, il ne faudroit pas
d'autres preuves de la néceffité de réformer notre Jurifprudence dans prefque
toutes fes parties. On y verroit un terrible exemple de l'abus que l'on peut
faire contre l'innocence des reffources
imaginées pour la punition du crime.
On y remarqueroit avec effroi jufqu'où

l'efprit de vengeance peut porter l'au-
dace dans une Province, quand il eft
armé des formes judiciaires. On gémi-
roit d'apprendre que, fans un effort
peut-être un peu tardif, le glaive de la
juftice, deftiné au maintien de l'ordre
public, auroit été employé à fervir
des reffentimens particuliers, ou des
intérêts obfcurs. "

„ Mais les gouvernemens, ainfi que les
corps humains, font fujets à des mala-
dies honteufes que l'on n'ofe pas même
découvrir bien loin d'en accepter les
remèdes. Combien n'a-t-on pas brûlé
de Sorciers avant que d'éteindre les
bûchers allumés pour eux par la fuperftition ou par la vengeance! Combien s'eft-il écoulé d'années, avant
que la Juftice ait rougi de prêter fon
miniftère à des exécutions follicitées
par une démence fi cruelle, ou par une
inhumanité fi hypocrite! Chaque fiècle
a, pour ainfi dire, fes abcès qu'il faut
fe garder de percer avant qu'ils foient
mûrs. Refpectons donc ceux du nôtre,
& laiffons à la poftérité le foin de les
cicatrifer, quand ils fe feront ouverts
d'eux-mêmes.

,, Le point le plus important pour nous, c'eſt que le Fils pour qui vous avez tremblé ſi long-tems, avec tant de raiſon & ſi peu de ſujet, eſt à couvert de tout danger : ce qui nous intéreſſe le plus, c'eſt que ſon honneur eſt auſſi intact que ſa perſonne. Son innocence eſt conſtatée par un jugement authentique. La calomnie qui a oſé l'outrager, eſt confondue. Vous jouiſſez, mon cher ami, de ſon triomphe, & votre joie eſt toute ma récompenſe. ''

,, Livrez-vous-y ſans réſerve & ſans inquiétude. Honoré dans la Province de toutes les diſtinctions qui peuvent flatter un citoyen obſcur, mais irréprochable ; vengé par le cri public des procédés odieux par leſquels on avoit eſſayé de flétrir votre nom ; protégé par l'autorité de la Juſtice, contre les manœuvres qui ont ſi long-tems troublé votre repos ; aimé, chéri de tous ceux de vos compatriotes que votre exemple, où même votre aſpect ne font pas rougir, qu'avez-vous de plus à deſirer pour être heureux ? ''

Dans une note on liſoit : ,, Il y a eu, comme on voit, treize mois d'intervalle,

entre l'oppreſſion de l'innocence & la
réhabilitation. Ce n'étoit pas la difficulté de la reconnoître, qui en a fait ſi
long-tems retarder l'aveu. Il y auroit à
ce ſujet de terribles choſes à dire. Je
me contenterai d'obſerver que les Juges qui ont décrété ce jeune-homme,
n'étoient point du nombre de ceux qui
l'ont abſous ".

Le Juge 'd'Abbeville qui n'avoit pu
parvenir à faire ſupprimer le Mémoire
à conſulter, ſigné de huit Avocats, fût
plus heureux contre le diſcours que
nous venons de lire, dont l'Auteur ne
ſe montroit pas, & lequel n'étoit point
d'ailleurs une pièce juridique. Le Parlement rendit un Arrêt ſur ſa requête,
le 14 Juillet 1767, dont voici le diſ-
poſitif:
„ Notredite Cour ordonne que la
partie de la note A de la quatrième
page du Diſcours Préliminaire étant
en tête du Livre intitulé, THEORIE
DES LOIX CIVILES, ou PRINCIPES
FONDAMENTAUX DE LA SOCIETE', imprimé à *Londres* en M.DCC. LXVII.
ſans

fans nom d'Auteur ni d'Imprimeur, à commencer par ces mots, *il y a comme on voit*, & finiſſant par ceux-ci, *qui l'ont abſous*, ainſi que l'alinéa de ladite quatrième page dudit Diſcours Préliminaire, commençant par ces mots, *l'hiſtoire de l'affaire où j'ai eu le bonheur de vous ſervir*, & finiſſant à la page 6 par ceux-ci, *des reſſentimens particuliers ou des intérêts obſcurs* ; enſemble la partie dudit Diſcours, commençant à la derniere ligne de la page 7 dudit Diſcours, par ces mots, *vengé par le cri public des procédés odieux*, & finiſſant par ceux-ci, *que votre exemple, ou même votre aſpect ne font pas rougir*, & généralement tout ce qui, dans ledit Diſcours préliminaire, tendroit à diffamer ledit Duval de Soicourt, ſeront & demeureront ſupprimés comme étant un Libelle diffamatoire contre l'honneur, la réputation & la conduite intacte dudit Duval de Soicourt, qui a inſtruit, à la requête du Subſtitut de notre Procureur-Général en la Sénéchauſſée de Ponthieu à Abbeville, le procès criminel mentionné audit Diſcours préliminaire, jugé par Sentence

G

du 28 Février 1766, confirmé par Arrêt
de notredite Cour du 4 Juin suivant :
ordonne que les Arrêts & Réglemens
de notredite Cour seront exécutés selon leur forme & teneur ; en conséquence, fait défenses à toutes personnes d'imprimer, distribuer &c. permet
audit Duval de Soicourt de faire imprimer & afficher le présent Arrêt en la
Ville d'Abbeville, & par-tout où il appartiendra ; & faisant droit sur les conclusions de notre Procureur-Général,
ordonne que ledit Livre sera & demeurera déposé au Greffe de notredite Cour
pour en être pris par notre Procureur-
Général communication, & par lui requis sur le surplus du contenu audit Livre, s'il y écheoit, & par notredite
Cour ordonner ce qu'il appartiendra.
SI MANDONS mettre le présent Arrêt à
exécution. DONNÉ en notredite Cour
de Parlement, le 14 Juillet l'an de
grace mil sept cent soixante-sept, & de
notre Règne le cinquante-deuxième.
Collationné, R E G N A U L T. *Signé*,
D U F R A N C.

Il femble que cet Arrêt d'une premiere Cour fouveraine du Royaume
de France, auroit dû impofer filence à
jamais à tous les ennemis du fieur de
Soicourt; cependant, il s'eft répandu
depuis fa mort une autre pièce fous le
titre de *Cri du fang innocent*, que voici,
& à laquelle fes amis ont encore été
forcés de répondre, tant il eft dangereux de laiffer marcher à grands pas l'o-
pinion publique, que dirige un Ecrivain dont la plus éclatante réputation
& les grands talens ont fubjugué toute
l'Europe; & tant auffi il eft important
de la combattre & de tâcher de l'arrêter
dans fa marche rapide.

LE CRI DU SANG INNOCENT.

AU
ROI TRES-CHRETIEN
EN SON CONSEIL.

SIRE,

L'augufte cérémonie de votre Sacre
n'a rien ajoûté aux droits de Votre Majefté ; les fermens qu'Elle a fait d'être
bon & humain, n'ont pu augmenter la
magnanimité de votre cœur, & votre
amour de la juftice. Mais c'eft en ces
folemnités que les infortunés font auto-
rifés à fe jetter à vos pieds. Ils y courent
en foule, c'eft le tems de la clémence ;
elle eft affife fur le Trône à vos côtés,
elle vous préfente ceux que la perfécu-
tion opprime. Je lui tends de loin les
bras du fond d'un pays étranger. Oppri-
mé depuis quinze ans, (& l'Europe fait
avec quelle horreur) je fuis fans appui,
fans Avocat, fans Patron ; mais vous
êtes jufte.

Né Gentilhomme dans votre brave & fidelle Province de Picardie *, mon nom eft d'Etalonde de Morival ; plufieurs de mes parens font morts au fervice de l'Etat. J'ai un frere Capitaine au Régiment de Champagne : je me fuis deftiné au fervice dès mon enfance.

J'étois dans la Gueldre en 1765, § où j'apprenois la Langue Allemande , & un peu de Mathématique - Pratique , deux chofes néceffaires à un Officier , lorfque le bruit que j'étois impliqué dans un procès criminel au Préfidial d'Abbeville , parvint jufqu'à moi.

On me manda des particularités fi atroces & fi inouies fur cette affaire , à laquelle je n'aurois jamais dû m'attendre , que je conçus, tout jeune que j'étois, le deffein de ne jamais rentrer dans une Ville livrée à des cabales & à des manœuvres qui effarouchoient mon caractère. Je me fentois né avec affez de

---

* Fideliffima Picardorum natus.

§ M. d'Etalonde n'eût pas écrit cela. Il ne paffa au contraire dans la Gueldre , qu'après avoir été décrété. Il féjourna fix femaines dans l'Abbaye de Lieu-Dieu , près du Tréport & de la mer, avant que de s'y rendre.

G 3

courage & de défintéreffement pour
porter les armes en quelque qualité que
ce pût étre : je favois déjà très-bien
l'Allemand. Frappé du mérite militaire
des Troupes Pruffiennes, & de la gloire
étonnante du Souverain qui les a for-
mées, j'entrai Cadet dans un de fes Régimens.

Ma franchife ne me permit pas de
diffimuler que j'étois Catholique, & que
jamais je ne changerai de religion. Cette
déclaration ne me nuifit point ; & je
produis encore des atteftations de mes
Commandans , qui atteftent que j'ai
toujours rempli les fonctions de Catholique & les devoirs de Soldat. Je trouvai
chez les Pruffiens des vainqueurs , &
point d'intolérans.

Je crus inutile de faire connoître ma
naiffance & ma famille; je fervis avec la
régularité la plus ponctuelle.

Le Roi de Pruffe, qui entre dans tous
les détails de fes Régimens , fut qu'il y
avoit un jeune Français qui paffoit pour
fage ; qui ne connoiffoit les débauches
d'aucunes efpèces ; qui n'avoit jamais
été repris d'aucun de fes Supérieurs, &
dont l'unique occupation , après fes ex-

périences, étoit d'étudier l'Art du Génie. Il daigna me faire Officier, sans
même s'informer qui j'étois ; & enfin,
ayant vû par hazard quelqu'un de mes
Plans de Fortifications, de Marches,
de Campemens & de Batailles, il m'a
honoré du titre de son Aide-de-Camp
& de son Ingénieur. Je lui en dois une
une éternelle reconnoissance. Mon devoir est de vivre & mourir à son service.
Votre Majesté a trop de grandeur d'ame
pour ne pas approuver de tels sentimens.

Que votre justice & celle de votre
Conseil daignent maintenant jetter un
coup d'œil sur l'attentat contre les loix,
& sur la barbarie dont je porte ma
plainte.

Madame l'Abbesse de Willancourt,
Monastère d'Abbeville, fille respectable
d'un Garde des Sceaux estimé de toute
la France, presque autant que celui qui
vous sert aujourd'hui si bien dans cette
place, avoit pour implacable ennemi un
Conseiller du Présidial, nommé Duval
Soicourt. Cette inimitié publique, encore plus commune dans les petites Villes que dans les grandes, n'étoit que
trop connue dans Abbeville. Madame

l'Abbeffe avoit été forcée de priver Soicourt, par avis des parens, de la cura-
telle d'une jeune perfonne affez riche,
élevée dans fon Couvent. Soicourt venoit encore de perdre deux procès contre des familles d'Abbeville : on favoit
qu'il avoit juré de s'en venger.

On connoît jufqu'à quel excès affreux
il a porté cette vengeance : l'Europe
entiere en a eu horreur ; & cette horreur
augmente encore tous les jours, loin
d'affoiblir par le tems.

Il eft public * que Duval Soicourt fe
conduifit précifément dans Abbeville
comme le Capitoul David avoit agi
contre les innocens Calas dans Touloufe. Votre Majefté a fans doute entendu parler de cet affaffinat juridique

_____

* Je dois remarquer ici (& c'eft un devoir indif-
penfable) que dans l'affreux procès fufcité uniquement par Duval Soicourt contre de la Barre, M. Cafen,
Avocat au Confeil de Sa Majefté Très-Chrétienne, fut
confulté, qu'il en écrivit au Marquis de Beccaria, le
premier Jurifconfulte de l'Empire. J'ai vû fa Lettre
imprimée : on s'eft trompé dans les noms, on a mis
Belleval pour Duval ; on s'eft trompé encore fur quelques circonftances indifférentes au fond du procès. Il
eft néceffaire de relever cette erreur, & de rendre à
M. de Belleval, l'un des plus dignes Magiftrats d'Abbeville, la juftice que tout le pays lui rend.

de Calas, que votre Conseil a condamné
avec tant de justice & de force ; c'est
contre une pareille barbarie que j'attends votre équité.

La généreuse Madame Feydeau de
Brou, Abbesse de Willancourt, élévoit
auprès d'elle un jeune-homme, son cousin-germain, petit-fils d'un Lieutenant-
Général de vos Armées, & qui étudioit
comme moi la Tactique. Ses talens
étoient supérieurs aux miens ; j'ai encore de sa main des notes sur les Campagnes du Roi de Prusse & du Maréchal
de Saxe, qui font voir qu'il auroit été
digne de servir sous ces grands hommes.

La conformité de nos études nous
ayant liés ensemble, j'eus l'honneur
d'être invité à dîner chez Madame l'Abbesse dans l'extérieur du Couvent, au
mois de Juin 1765. Nous y allions assez
tard, & nous étions fort pressés : il tomboit une petite pluie, nous mîmes nos
chapeaux, & continuâmes notre route ;
nous étions, je m'en souviens, à plus
de cinquante pas d'une Procession de
Capucins.

Soicourt ayant su que nous ne nous
étions point détournés de notre chemin

G v

pour aller nous mettre à genoux devant
cette proceſſion, projetta d'abord d'en
faire un procès au Couſin-germain de
Madame l'Abbeſſe : c'étoit ſeulement,
diſoit-il, pour l'inquiéter & pour lui
faire voir qu'il étoit un homme à craindre.

Mais ayant ſu qu'un Crucifix de
bois élevé ſur le pont-neuf de la Ville,
avoit été mutilé depuis quelque tems,
ſoit par vétuſté, ſoit par quelque charrette, il réſolut de nous en accuſer &
de joindre ces deux griefs enſemble :
cette entrepriſe étoit difficile.

Je n'ai rien exagéré ſans doute, quand
j'ai dit qu'il imita la conduite du Capitoul David ; car il écrivit lettre ſur
lettre à l'Evêque d'Amiens ; & ces lettres doivent ſe trouver dans les pa-
piers de ce Prélat. Il dit qu'il y avoit
une conſpiration contre la Religion
Catholique Romaine, que l'on donnoit tous les jours des coups de bâton
aux Crucifix ; qu'on ſe muniſſoit d'hoſties conſacrées, qu'on les perçoit à
coups de couteaux, & que ſelon le bruit
public, elles avoient répandu du ſang.
On ne croira pas cet excès d'abſurde

calomnie : je ne la crois pas moi-même ; cependant je la lis dans les copies des pièces qu'on m'a enfin remises entre les mains.

Sur cet exposé non moins extrava-gant qu'odieux, on obtint des moni-toires, c'est-à-dire, des ordres à tou-tes les servantes, à toute la populace d'aller révéler aux Juges tous les con-tes qu'elles auroient entendu faire & de calomnier en justice, sous peine d'être damnés.

On ignore dans Paris, comme je l'avois toujours ignoré moi-même, que Duval Soicourt, ayant intimidé tout Abbeville, porté l'allarme dans toutes les familles, ayant forcé Madame l'Ab-besse à quitter son Abbaye, pour aller solliciter à la Cour, se trouvant libre pour faire le mal, & ne trouvant pas deux Assesseurs pour faire ce mal avec lui, osa associer ce Juge : qui ? on ne le croira pas encore ; cela est est aussi ab-surde que les hosties percées à coups de couteaux & versant du sang ; qui, dis-je, fut le troisième Juge avec Duval ? Un Marchand de vin, de bœufs & de co-chons, un nommé *Broutelles*, qui

avoit acheté dans la Jurisdiction un office de Procureur, qui avoit même
exercé très-rarement cette charge dont
il étoit incapable ; oui, encore une fois,
un Marchand de cochons, chargé alors
de deux Sentences des Consuls d'Abbeville contre lui, qui lui enjoignent *de
produire ses livres.* Dans ce tems - là
même, il avoit un procès à la Cour des
Aides de Paris, procès qu'il perdit
bientôt après. L'Arrêt le déclara incapable de posséder aucune charge mu-
nicipale dans votre Royaume.

Tels furent mes Juges pendant que je
servois un grand Roi, & que je me dis-
posois à servir Votre Majesté.

Soicourt & Broutelles avoient dé-
terré une Sentence rendue il y a cent
trente ans, dans des tems de troubles
en Picardie sur quelques profanations
fort différentes. Ils la copierent ; ils condamnerent deux enfans : je suis l'un des
deux : l'autre est ce petit-fils d'un Général de vos armées ; c'est le Chevalier
de la Barre, dont je ne puis prononcer
le nom qu'en répandant des larmes ; c'est
ce jeune-homme ; qui en a coûté à toutes les ames sensibles, depuis le trône

de Peterfbourg jufqu'au trône Pontifi-
cal de Rome; c'eft cet enfant plein de
vertus & de talens au-deffus de fon âge,
qui mourut dans Abbeville au milieu de
cinq bourreaux, aved la même réfigna-
tion & le même courage modefte qu'é-
toient morts le fils du grand de Thou,
le Tite-live de la France, le Confeiller
Dubourg, le Maréchal de Marillac &
tant d'autres.

Si votre Majefté fait la guerre, elle
verra mille Gentilshommes mourir à
fes pieds ; la gloire de leur mort pourra
vous confoler de leur perte, Vous, Sire,
& leur famille ; mais être traîné à un
fupplice affreux & infame, périr par
l'ordre d'un Broutelles ; quel état ! &
qui peut s'en confoler ?

On demandera peut-être comment
la Sentence d'Abbeville qui étoit nulle,
& de toute nullité, a pu cependant être
confirmée par le Parlement, a pu être
exécutée en entier ? en voici la raifon :
c'eft que le Parlement ne pouvoit favoir
quels étoient ceux qui l'avoient prononcée.

Des enfans plongés dans des cachots,
& ne connoiffant point ce Broutelles,

leur premier bourreau, ne pouvoient
dire au Parlement : *Nous sommes condamnés par un Marchand de bœufs & de
porcs, chargé de décrets des Consuls
contre lui.* Ils ne le savoient pas. Broutelles s'étoit dit Avocat *. Il avoit pris
en effet pour cinquante francs de lettres
de Gradué à Reims. Il s'étoit fait mettre à Paris sur le tableau des Licentiés
ès Loix. Ainsi il y avoit un fantôme de
Gradué pour condamner ces pauvres
innocens; & ils n'avoient pas un seul
Avocat pour les défendre. L'état horrible où ils furent pendant toute la
procédure, avoit tellement altéré leurs
organes, qu'ils étoient incapables de
penser & de parler, & qu'ils ressem-
bloient parfaitement aux agneaux que
Broutelles vendit si souvent aux Bou-
chers d'Abbeville.

Votre Conseil, Sire, peut remarquer qu'on permet en France aux Ban-

---

* On nous a communiqué une délibération des
Avocats d'Abbeville, en date du 5 Juin 1758, portant refus d'admettre ledit Broutelles dans la compagnie; & une opposition de cette compagnie, signifiée
aux Gens du Roi du même Siège où Broutelles a jugé
de la mettre à mort contre leurs conclusions.

queroutiers frauduleux, d'être affiftés
par un Avocat, & qu'on ne le permet
pas à des mineurs dans un procès où il
s'agiffoit de leur vie.

Grace aux Monitoires (refte odieux
des anciennes procédures de l'Inquifition) Soicourt & Broutelles avoient
fait entendre cent vingt témoins, la
plûpart gens de la lie du peuple ; & de
ces cent vingt témoins, il n'y en avoit
pas trois d'oculaires : cependant il fallut
tout lire, tout rapporter. Cette énorme
compilation qui contenoit fix mille
pages, ne pouvoit que fatiguer le Parlement, occupé alors des befoins de
l'Etat, dans une crife affez grande ; les
opinions fe partagerent, & la confirma-
tion de l'affreufe fentence ne paffa enfin que de deux voix.

Je ne demande point fi au Tribunal
de l'humanité & de la raifon deux voix
devroient fuffire pour condamner des
innocens au fupplice que l'on inflige
aux parricides. Putgatfchew, fouillé de
mille affaffinats barbares & du crime
le plus avéré de lèze-Majefté & de lèze-
fociété, au premier chef, n'a fubi d'autre fupplice que celui d'avoir la tête

(142)

tranchée. La fentence de Duval Soicourt & du Marchand de bœufs portoit
qu'on nous couperoit le poing, qu'on
nous arracheroit la langue, qu'on nous
jetteroit dans les flammes. Cette fentence fut confirmée par la prépondé-
rance de deux voix. Le Parlement a
gémi que les anciennes loix le forcent
à ne confulter que cette pluralité pour
arracher la vie à un citoyen. Hélas!
m'eft-il permis d'obferver que chez les
Algonquins, les Hurons & les Chica-
chas, il faut que toutes les voix foient
unanimes pour dépécer un prifonnier
& le manger? Quand elles ne le font
pas, le captif eft adopté dans une famille, & regardé comme l'enfant de la
maifon.

Sire, mon application à mes devoirs
ne m'a pas permis d'être inftruit plutôt
des détails de cette Saint-Barthélemi
d'Abbeville; je ne fais que d'aujour-
d'hui que l'on deftinoit trois autres enfans à cette boucherie. J'apprends que
les parens de ces enfans pourfuivis,
comme moi, par Duval Soicourt &
Broutelles, trouverent huit Avocats
pour les défendre, quoiqu'en matière

criminelle les accufés n'aient jamais le
fecours d'un Avocat quand on les interroge , & quand on les confronte ;
mais un Avocat eft en droit de parler
pour eux fur tout ce qui ne concerne
pas la procédure fecrette. (Et qu'il me
foit permis, Sire , de remarquer ici ,
que chez les Romains, nos législateurs
& nos maîtres , & chez les Nations qui
fe piquent d'imiter les Romains, il n'y
eut jamais de pièces fecrettes.) Enfin ,
Sire, fur la feule connoiffance de ce qui
étoit public, ces huit Avocats intrépi-
des déclarèrent le 27 Juin 1766, 1°.
que le Juge Soicourt ne pouvoit être
Juge, puifqu'il étoit Partie [pages 15
& 16 de la Confultation] ; 2°. que
Broutelles ne pouvoit être Juge, puifqu'il avoit agi en plufieurs affaires en
qualité de Procureur, & que fon unique occupation alors étoit de vendre
des beftiaux [page 17] ; 3°, que cette
manœuvre de Soicourt & de Broutelles étoit une infraction puniffable de
la loi [même page]. Cette décifion
de huit Avocat célebres, eft fignée,
CELIER, D'OUTREMONT, MUYART
DE VOUGLANS, GERBIER, TIM-

BERGUE, BENOIST fils, TURPIN, LINGUET.

Il est vrai qu'elle vint trop tard ; l'estimable Chevalier de la Barre étoit déja sacrifié. L'injustice & l'horreur de son supplice, jointe à la décision des huit Jurisconsultes, firent une telle impression sur tous les cœurs, que les Juges d'Abbeville n'oserent poursuivre cet abominable procès. Ils s'enfuirent à la campagne, de peur d'être lapidés par le peuple. Plus de procédures, plus d'interrogatoires & d'interrogations, tout fut abforbé dans l'horreur qu'ils inspiroient à la Nation, & qu'ils ressentoient en eux-mêmes.

Je n'ai pu, Sire, faire entendre autour de votre Trône le cri du sang innocent. Souffrez que j'appelle aujourd'hui à mon secours le Jugement des huit Interprètes des loix, qui demandent vengeance pour moi comme pour les trois autres enfans qu'ils ont sauvés de la mort. La cause de ces enfans est la mienne. Je n'ai pas osé même m'adresser seul à Votre Majesté, sans avoir consulté le Roi mon maître, sans avoir demandé l'opinion de son Chancelier

& des Chefs de fa Juftice. Ils ont confirmé l'avis des huit Jurifconfultes de
votre Parlement. On connoît depuis
long-tems l'avis du Marquis de Becaria,
qui eft à la tête des loix de l'Empire. Il
n'y a qu'une voix en Angleterre & dans
le grand Tribunal de Ruffie fur cette
affreufe & incroyable cataftrophe.
Rome ne penfe pas autrement que Pé-
terfbourg, Aftracan & Cafan. Je pour-
rois, Sire, demander juftice à Votre
Majefté, au nom de l'Europe & de
l'Afie. Votre Confeil qui a vengé le
fang des Calas, auroit pour moi la même équité. Mais étranger pendant dix
années, lié à mes devoirs, loin de la
France, ignorant la route qu'il faut tenir pour parvenir à une révifion de
procès, je fuis forcé de me borner à
repréfenter à Votre Majefté l'excès de
la cruauté commife dans un tems où
cette cruauté ne pouvoit parvenir à vos
oreilles : il me fuffit que votre équité
foit inftruite.

Je me joins à tous vos Sujets dans
l'amour refpectueux qu'ils ont pour
votre Perfonne, & dans les vœux una-

nimes pour votre profpérité quí n'éga-
lera jamais vos vertus.

A Neufchâtel , ce 30 Juin 1705.

PRECIS
DE LA PROCEDURE D'ABBEVILLE.

Du 26 Septembre 1765.

PRemièrement , un Prévôt de falle ,
nommé Etienne Naturé, ami de
Broutelles & buvant fouvent avec lui ,
dit qu'il a entendu dans la Salle d'armes , le fieur d'Etalonde avouer qu'il
n'avoit pas ôté fon chapeau devant la
proceffion des Capucins, conjointe-
ment avec le Chevalier de la Barre &
le fieur Moinel.

Et le même Etienne Naturé fe dé-
dit entièrement à la confrontation avec
le fieur Chevalier de la Barre, & dé-
clare expreffément que le fieur d'Etalonde n'a jamais mis le pied dans la
falle d'armes.

Du 28 Septembre 1765.

Le fieur Allamet dépofe avoir oui

dire, qu'un nommé Beauvarlet, avoit
dit que le fieur d'Etalonde avoit dit
qu'il avoit trouvé chez ce nommé Beauvarlet, un médaillon en plâtre fort mal
fait, & qu'ayant propofe de l'acheter
de ce nommé Beauvarlet, il avoit dit
que c'étoit pour le brifer, parce qu'il
ne valoit pas le diable.

Il ne fpécifie point ce que ce médaillon repréfentoit, & on ne voit pas ce
qu'on peut inférer de cette dépofition.

On a prétendu que ce plâtre repre-
fentoit quelques figures de la paffion
fort mal faites.

Le même jour, Antoine Watier,
âgé de 16 à 17 ans, dépofe avoir entendu le fieur d'Etalonde chanter une
chanfon dans laquelle il eft queftion
d'un Saint qui avoit eu autrefois une
petite maladie vénérienne, & ajoûte
qu'il ne fe fouvient pas du nom de ce
Saint.

Le fieur d'Etalonde protefte qu'il
ne connoit ni ce Saint ni Watier.

Du 5 Décembre 1765.

Marie-Antoinette Leleu, femme d'un
maître de jeu de billard, dépofe que le

.fieur d'Etalonde a chanté une chanſon
ſur laquelle Marie-Madelaine avoit ſes
mal-ſemaines.

Il eſt bien indécent d'écouter ſé-
rieuſement de telles ſottiſes ; & rien ne
demontre mieux l'acharnement groſ-
fier de Duval de Soicourt & de Broutelles. Si Madelaine étoit péchereſſe , il
eſt clair qu'elle étoit ſujette à ſes *mal-ſe-*
maines , autrement des menſtrues , des
ordinaires ; mais ſi quelque *Louſtic d'un*
Régiment ; ou quelque Goujat a fait
autrefois cette miſérable chanſon gri-
voiſe , ſi un enfant l'a chantée , il ne paroît pas que cet enfant mérite la mort la
plus recherchée & la plus cruelle dans
des ſupplices que les Buſiris & les Né-
ron n'oſoient pas inventer.

Le même jour , le ſieur Lavieuville
dépoſe avoir ouï dire au ſieur de Saveuſe , qu'il a entendu dire au Sr. Moiſnel , que le ſieur d'Etalonde avoit un
jour eſcrimé avec ſa canne ſur le pont-
neuf , contre un Crucifix de bois.

Je réponds que non-ſeulement cela
eſt très-faux ; mais que cela eſt impoſſi-
ble. Je ne portois jamais de canne ;
mais une petite baguette fort legère. Le

Le Crucifix qui étiot alors fur le pont
neuf était élevé , comme tout Abbeville
le fait , fur un gros piedeftale de huit
pieds de haut , & par conféquent , il
n'était pas poffible d'efcrimer contre
cette figure. *

J'ajoéte qu'il eût été à fouhaiter que
les chofes faintes ne fuffent jamais pla-
cées que dans les lieux faints ; & je crois
indécent qu'un Crucifix foit dans une
rue expofé à être brifé par tous les acci-
dents.

Du 3 Octobre 1765.

Le fieur Moifnel , enfant de quatorze
à quinze ans eft retiré de fon cachot &
interroge fi , le jour de la proceffion des
Capucins , il n'étoit pas avec les fieurs
d'Etalonde & de la Barre à vingt-cinq
pas feulement du Saint Sacrement , s'ils
n'ont pas affectés par impiété , de ne
point fe découvrir dans le deffein d'in-
fulter à la Divinité , & s'ils ne fe font
pas vantés de cette action impie ; s'il
n'a pas vu le fieur d'Etalonde donner

---

* Cela eft faux , le Crucifix étoit fort peu élevé : on
pouvoit aifément en toucher les pieds, les jambes avec
la main. (*Note de l'Editeur.*)

des coups au Crucifix du pont-neuf;
fi le jour de la foire de la Madelaine,
le fieur d'Etalonde ne lui avoit point
dit qu'il avoit égratigné une jambe du
Crucifix du pont-neuf? a répondu *non*,
à toutes ces demandes.

On peut voir par ce feul interrogatoire, avec quelle malignité Duval de
Soicourt vouloit faire tomber cet enfant dans le piège.

Pourquoi lui dire que la proceffion
des Capucins n'étoit qu'à vingt-cinq
pas, tandis qu'elle étoit à plus de cinquante? Je fais mieux mefurer les dif-
tances dans ma profeffion d'Ingénieur
que tous les praticiens & tous les Capucins d'Abbeville.

Pourquoi fuppofer que ces enfans
avoient paffé vîte, par impiété, dans le
tems qu'il faifoit une petite pluie, &
qu'ils étoient preffés d'aller dîner?
Quelle impiété eft-ce donc de mettre
fon chapeau pendant la pluie?

Et remarquez qu'après cet interrogatoire, on le plongea dans un cachot
plus noir & plus infect, afin de le forcer
par ce traitement odieux à dépofer tout
ce qu'on vouloit.

Du

On interrogea de furcroît le fieur
Moifnel fur les mêmes articles; & le
fieur Moifnel répond que, non feulement le Chevalier de la Barre & le fieur
d'Etalonde n ont point paffé devant la
proceffion & ne fe font point couverts
par impiété, mais qu'il a paffé plufieurs
fois avec eux devant d'autres proceffions
& qu'ils fe font mis à genoux.

À cette réponfe fi ingénue & fi vraie,
le troifième Juge nommé Villers, fe ré-
cria : il ne faut pas tant tourmenter ces
pauvres innocens.

Soicourt & Broutelles en fureur me-
naçoient cet enfant de le faire pendre,
s'il perfiftoit à nier. Ils l'effrayerent;
ils lui firent verfer des larmes ; ils lui
firent dire dans ce fecond interrogatoire
une chofe qui n'a pas la moindre vrai-
femblance, que d'Etalonde avoit dit,
qu'il n'y avoit point de Dieu, & qu'il
avoit ajoûté un mot qu'on n'ofe prononcer.

Il faut favoir que dans Abbeville, il
y avoit alors un ouvrier nommé *Bondieu*
& que delà vint l'infame équivoque

H

(152)

qu'on employa pour nous perdre.

Enfin ils lui firent articuler même dans l'excès de leur égarement, que d'Etalonde connoissoit un prêtre, qui fourniroit des hosties consacrées pour servir à des opérations magiques, ainsi que Duval & Broutelles le donnoient à entendre. Quelle extravagance, & en même-tems quelle bêtise! si dans ma première jeunesse, j'avois été assez abandonné pour ne pas croire en Dieu, comment aurois-je cru à des hosties consacrées avec lesquelles on feroit des opérations magiques ?

D'où venoit cette accusation ridicule d'opérations magiques avec des hosties ? d'un bruit répandu dans la populace, qu'on ne pouvoit poursuivre avec tant de cruauté de jeunes gens, fils de famille, que pour un crime de magie. Et pourquoi de la magie plutôt qu'un autre délit? parce qu'il y avoit des monitoires qui ordonnoient à tout le monde de venir à révélation, & que selon les idées du Peuple, * ces monitoires n'étoient

* Il est encore d'usage dans le Diocèse d'Amiens, dont Abbeville fait partie, d'excommunier chaque

ordinairement lancés que contre les
hérétiques.

Les Provinces de France font-elles
encore plongées dans leur ancienne
barbarie ? Sommes-nous revenus à ces
tems d'opprobre où l'on accufoit le prédicateur Urbain Grandier d'avoir en-
forcelé dix-fept Religieufes de Lou-
dun ; où l'on forçoit le Curé de Gau-
fredi d'avouer qu'il avoit fouflé le
Diable dans le corps de Madelaine la
Palud, & où l'on a vu enfin le Jéfuite
Girard prêt d'être condanmné aux
flammes pour avoir jetté un fort fur
la Cadiere.

Ce fut dans cet interrogatoire, que
cet enfant Moifnel, intimidé par les
menaces du Marchand de bœufs & du
Marchand de fang humain, fes Juges,
leur demanda pardon de ne leur avoir
pas dit tout ce qu'on lui ordonnoit de
dire ; il croyoit avoir fait un péché

Dimanche aux Prônes des Paroiffes *les Sorciers, Sor-*
cieres, Devins, Devinereffes, Magiciens, Magiciennes,
Noueurs d'Aiguillettes, & autres qui, par leur maléfice,
empêchent l'ufage & la confimmation du mariage. Le
Peuple peut donc être aifément abufé par ce que
l'Eglife enfeigne tous les jours.

mortel, & il fit à genoux une confeffion générale, comme s'il eût été au
Sacrement de pénitence. Broutelles &
Duval rirent de fa fimplicité & en pro-
fitoient pour nous perdre tous.

Interrogé encore s'il n'avoit pas entendu de Jeunes gens traiter Dieu
de . . . dans une converfation, & s'il
n'avoit pas lui-même appelé Dieu. . .
il répondit qu'il avoit tenu ces propos
avec d'Etalonde.

Mais peut-on avoir tenu de tels difcours tête-à-tête ? & fi on les a tenus,
qui peut les dénoncer ? On voit affez
à quel point celui qui interrogeoit étoit
groffier & barbare, à quel point l'enfant étoit fimple & innocent.

On lui demanda s'il n'avoit point
chanté de chanfons horribles ; ce font
les propres mots: l'enfant l'avoua. Mais
queft-ce qu'une chanfon orduriere fur
les mal-femaines de la Madelaine, faite
par quelque Goujat il y plus de cent
ans, & qu'on fuppofe chantée en fecret par deux jeunes gens auffi dépour-
vûs alors de goût & de connoiffance,
que Broutel & Duval ? Avoient-ils
chanté cette chanfon dans la place

publique ? Avoient-ils fcandalifé la
Ville ? Non ; & la preuve que cette
puérilité étoit ignorée, c'eſt que Soicourt avoit obtenu des monitoires pour
faire révéler contre les enfans de ſes
ennemis, tout ce qu'une populace groſ-
fiere pouvoit avoir entendu dire.

Pour moi, en mépriſant de telles
inepties, je jure que je ne me ſouviens
pas d'un ſeul mot de cette chanſon, &
j'affirme qu'il faut être le plus lâche des
hommes, pour faire d'un couplet de
corps-de-garde, le ſujet d'un procès
criminel.

Enfin, on m'a envoyé pluſieurs bil-
lets de la main de Moiſnel, écrits de
ſon cachot, avec la connivence du
Géolier, dans leſquels il dit : *Mon
trouble eſt trop grand, j'ai l'eſprit hors
de ſon aſſiette, je ne ſuis pas dans mon
ſens.*

J'ai entre les mains une autre lettre
de lui de cette année, conçue en ces
termes : " Je voudrois, Monſieur,
„ avoir perdu entièrement la mémoire
„ de l'horrible aventure qui enſanglanta
„ Abbeville il y a pluſieurs années, &
„ qui révolta toute l'Europe. Pour ce

,, qui me regarde ; la feule chofe dont
,, je puis me fouvenir, c'eft que j'a-
,, vois environ quinze ans, qu'on me
,, mit aux fers ; que le fieur Soicourt
,, me fit les menaces les plus affreufes ;
,, que je fus hors de moi-même ; que je
,, me jettai à genoux ; & que je dis oui,
,, toutes les fois que Soicourt m'or-
,, donna de dire oui, fans favoir un
,, feul mot de ce qu'on me demandoit.
,, Ces horreurs m'ont mis dans un état
,, qui a altéré ma fanté pour le refte
,, de ma vie ,,.

Je fuis donc en droit de récufer de
vains témoignages qu'on lui arracha par
tant de menaces, & qu'il a défavoués ;
ainfi que je me crois en droit de faire
déclarer nulle toute la procédure de
mes trois Juges, d'en prendre deux à
partie, & de les regarder, non pas
comme des Juges, mais comme des
affaffins. Ce n'eft que d'après M. le
Marquis de Beccaria, & d'après tous
les Jurifconfultes de l'Europe, que je
leur donne le nom qu'ils ont fi bien
mérité, & qui n'eft pas trop fort pour
leur inconcevable méchanceté.

On interrogea avec la même atrocité

le Chevalier de la Barre ; & quoiqu'il
fût très-au-deſſus de ſon âge, on réuſſit
enfin à l'intimider.

Comme j'étois très-loin de la France,
on perſuada, même à ce jeune-homme,
qu'il pouvoit ſe ſauver en me chargeant,
& qu'il n'y avoit nul mal à rejetter tout
ſur un ami qui dédaignoit de ſe défendre.

On renouvella avec lui l'impertinente
hiſtoire des hoſties ; on lui demanda ſi
un Prêtre ne lui en avoit pas envoyé,
& s'il n'étoit pas quelquefois ſorti du
ſang de quelques hoſties conſacrées. Il
répondit avec un juſte mépris ; mais il
ajoûta qu'il y avoit en effet un Curé à
Yvernot, qui auroit pu, à ce qu'on di-
ſoit, prêter des hoſties ; mais que ce
Curé étoit en priſon : l'on ne pouſſa
pas plus loin ces queſtions abſurdes.

Je ſens que la lecture d'un tel procès
criminel dégoûte & rebute un homme
ſenſé. C'eſt avec une peine extrême que
je pourſuis ce détail de la ſottiſe humaine.

Interrogé s'il n'a pas dit qu'il étoit
difficile d'adorer un Dieu de pâte, a
répondu qu'il peut avoir tenu de tels

H 4

difcours; & que s'il les a tenus, c'eft
avec d'Etalonde; que s'il a difputé fur
la religion, c'eft avec d'Etalonde.

Hélas! voilà un étrange aveu, une
étrange accufation! Si j'ai agité des
queftions délicates , c'eft avec vous.
Ce *fi* prouve - t - il quelque chofe ? ce
fi eft-il pofitif? Eft-ce-là une preuve,
barbares que vous êtes ? Je ne mets
point de condition à mon affertion ;
je dis fans aucun *fi*, que vous êtes des
tigres dont il faudroit purger la terre.

Et dans quel pays de l'Europe n'a-t-
on pas difputé publiquement & en
particulier fur la religion ? Dans quel
pays, ceux qui ont une autre religion
que la Romaine, n'ont-ils pas dit &
redit, imprimé & prêché ce que Duval
& Broutelles imputoient au Chevalier
de la Barre & à moi ? Une converfation
entre deux jeunes amis , n'ayant eu aucun effet, aucunes fuites, n'ayant été
écoutée de perfonne , ne pouvoit devenir un corps de délit ; il falloit que les
interrogateurs euffent deviné cet entretien. Ces paroles, en effet font fouvent dans la bouche des Proteftans. Il
y en a quelques-uns établis avec privi-

lège du Roi dans Abbeville & dans les
Villes voisines.

Les assassins du Chevalier de la Barre
avoient donc deviné au hazard les propos qu'ils nous attribuoient , & par
un hazard encore plus singulier , il se
trouva peut-être qu'ils devinoient juste,
du moins en partie.

Nous avions pu quelquefois exami-
ner la religion Romaine le Chevalier
de la Barre & moi, parce que nous
étions nés l'un & l'autre avec un esprit
avide d'instruction , parce que la religion exige absolument l'attention de
tout honnête homme, parce qu'on est
un sot indigne de vivre quand on passe
tout son tems à l'Opéra-comique, ou
dans de vains plaisirs, sans jamais s'informer de ce qui a pu précéder & de
ce qui peut suivre la minute où nous
rampons sur la terre ; mais vouloir nous
juger sur ce que nous avons dit mon
ami & moi tête-à-tête, c'étoit vouloir
nous condamner sur nos pensées, sur
nos rêves ; c'est ce que les plus cruels
tyrans n'ont jamais osé faire.

On sent toute l'irrégularité, pour ne
pas dire toute l'abomination de cette

H 5

procédure auſſi illégale qu'infame. Car
de quoi s'agiſſoit-il dans ce procès dont
le fond étoit ſi frivole & ſi ridicule?
d'un Crucifix de grand chemin, qui
avoit une égratignure à la jambe. C'é-
toit-là d'abord le corps du délit auquel
nous n'avions nulle part, & on interroge les accuſés ſur des chanſons de
corps-de-garde, ſur l'Ode à Priape du
ſieur Pirron *, ſur des hoſties qui ont
répandu du ſang, ſur un entretien particulier dont on ne pouvoit avoir aucunes connoiſſances! Enfin, le dirai-je?
on demanda au Chevalier de la Barre
& au ſieur Moiſnel, ſi je n'avois pas été
à la garde-robe, pendant la nuit, dans
le cimetière de Ste. Catherine, auprès
d'un Crucifix, & c'étoit pour avoir
révélation de ces belles choſes, qu'on
avoit jetté des monitoires. Si le Conſeil
de Sa Majeſté Très-Chrétienne, auquel on auroit enfin recours, pouvoit
ſurmonter ſon mépris pour une telle

* N. B. Il eſt porté dans le procès-verbal que ces
enfans ſont convaincus d'avoir récité l'Ode de Pirron.
Ils ſont condamnés au ſupplice des parricides, &
Pirron avoit une penſion de douze cens livres ſur la
caſſette du Roi.

procédure, & son horreur pour ceux
qui l'ont faite ; s'il contenoit assez sa
juste indignation pour daigner jetter les
yeux sur ce procès ; si les exemples affreux des Calas & des Sirven du Lan-
guedoc, de Monbailly à Saint-Omer *,
de Martin dans le Duché de Bar,
étoient présens à sa mémoire, ce seroit
de lui que j'attendrois justice ; je le
supplierois de considérer qu'au tems
même du meurtre affreux du Chevalier
de la Barre, huit fameux Avocats du
Parlement de Paris, éleverent leur voix
contre la sentence d'Abbeville en faveur des trois enfans poursuivis comme
moi & menacés, comme moi, de la
mort la plus cruelle.

J'ai pris la liberté de mettre cette
décision sous les yeux du Roi. J'ose

---

* J'ai lu qu'il y a cinq ou six ans, que des Juges de
Province condamnerent le sieur Monbailly & son
épouse à être roué & brûlés ; l'innocent Monbailly
fut roué, sa femme étant grosse, fut réservée pour
être brûlée : le Conseil du Roi empêcha ce dernier
supplice.

Un Juge auprès de Bar fit rouer un bonnête Culti-
vateur, nommé Martin, chargé de sept enfans. Celui
qui avoit fait le crime l'avoua huit jours après.

H 6

croire que s'il a daigné lire ma requête,
il en a été touché. Sa bonté & son suf-
frage font tout ce que j'ambitionne &
tout ce qui peut me confoler.

Signé, D'ETALONDE DE MORIVAL.

LETTRE

*Ecrite de Paris aux Rédacteurs de
la Feuille du* Courrier du Bas-
Rhin, *en réponfe à la Requête
au Roi, inférée dans cette même
Feuille.*

MM.

A la lecture de votre feuille du neuf
Septembre, (art. *Paris*) & autres feuilles
fuivantes, j'ai été révolté des qualifications odieufes que vous donnez à la
mémoire de feu M. Duval de Soicourt,
ancien Affeffeur, Lieutenant-Criminel
d'Abbeville. D'abord, vous me per-
mettrez, Meffieurs, de douter que cet

écrit que l'on met mal-à-propos fous le
nom de M. d'Etalonde , & que l'on
attribue à M. de Voltaire, fans doute
pour exciter la curiofité , foit forti de
la plume de cet Ecrivain célébre *.
Mais quelqu'en foit l'Auteur, il n'en
paroîtroit pas moins étrange qu'un Particulier entreprenne de donner du haut
de fon tribunal fa décifion fur tout ce
qui fe paffe, fouvent fans réflexion &
fans la moindre connoiffance des faits §.
Ce Mémoire dont je n'ai eu connoiffance que par votre feuille , me paroît
abfolument deftitué de raifons, & je
n'y apperçois qu'une déclamation inju-
rieufe & outrée. Je n'y oppoferai que
le récit des faits, beaucoup plus d'é-
gards, & pas une injure, en prenant
le contrepoids des ennemis de feu M.
de Soicourt.

    Les fonctions de fa charge forcerent

---

* L'Auteur de cet apologétique peut revoquer en
doute ce fait tant qu'il lui plaira ; les connoiffeurs
fauront toujours qu'en penfer.

§ Eft - ce n'avoir aucune connoiffance des faits ,
que de rapporter la procédure même ?

en 1765 ce Magiftrat de condamner
à mort M. d'Eftalonde. Un Mémoire
imprimé fur cette affaire dans lequel on
s'eft permis d'altérer ou de tronquer les
faits *, a indifpofé dans ces tems-là contre les Juges le Public trop facile à
prévenir. Les efprits ont été frappés
fur-tout d'une Confultation, fignée de
huit Avocats, laquelle eft à la fuite de
ce Mémoire. Mais ces Avocats n'ont
pu donner leur confeil que d'après l'expofé du Mémoire, & comme ce Mémoire étoit faux, on n'a égard ni au
Mémoire ni à la Confultation. Il paroît
que vous êtes du nombre de ceux qui
fe font laiffés abufer par cet écrit, fans
quoi vous ne vous feriez fûrement pas
prêté aujourd'hui à rendre public un
nouveau tiffu de menfonges fur le
compte de M. de Soicourt. Quoique
j'aie été à portée de connoître à fond

* Nous avons déja obfervé que M. de Soicourt,
s'étant tranfporté a Paris fitôt après la publicité de ce
Mémoire, ne put parvenir à le faire fupprimer. MM.
Gerbier, Linguet & les autres Avocats, leur Bâton-
nier en tête, firent les démarches néceffaires pour
défendre courageufement leur ouvrage contre ces in-
culpations.

tous les détails de ce Procès criminel * ;
je m'étendrai peu avec vous cependant
fur cette affaire. Je me contenterai d'é-
claircir les faits que vous expofez contre M. de Soicourt. Je le dois à la mémoire de ce Magiftrat; je le dois à la
vérité attaquée. Je commencerai par
quelques réflexions particulières. De
deux chofes, l'une : ou d'Etalonde
étoit coupable, ou il étoit innocent. Il a
pu, puifqu'il étoit contumace, fe repre-
fenter. Son procès lui auroit été fait de
nouveau : il auroit pu prouver fon innocence, & il auroit été abfous §. Je
dois encore vous faire faire une autre
obfervation, Monfieur, car vous êtes
peu au fait de la marche de la procédure criminelle en France. Lorfqu'un
crime vient à la connoiffance du Procureur-du-Roi, celui-ci rend plainte :

---

* Pourquoi connoître à fond ? Les détails de ce
procès-criminel devoient alors être auffi fecrets pour
le fils même du Juge, que pour tout le Public;

§ Y avoit-il quelque fûreté à fe repréfenter devant
les mêmes Juges ? Les loix de France font-elles affez
claires, affez fimples, affez fages fur les crimes de
lèze-Majefté divine pour n'avoir rien à craindre de
leur févérité ?

lë Juge répond cette plainte. Le Procureur-du-Roi fait alors affigner les témoins. Le Juge reçoit les dépofitions ;
il ne peut faire autrement. Lorfque
les Tribunaux inférieurs rendent une
Sentence , ils doivent juger fuivant la
rigueur de l'Ordonnance. Il n'y a que
les Parlemens qui puiffent jufqu'à un
certain point adoucir, modérer la peine,
& il n'y a que le Roi qui puiffe faire
grace. Dans le procès criminel qui a
donné lieu à la condamnation de M.
d'Etalonde, le Parlement de Paris confirma la Sentence dans fon entier *,
Cet Arrêt feul fuffira toujours pour juftifier pleinement , aux yeux des gens ré-
fléchis , la conduite du Juge dans l'inftruction & le jugement de ce procès.
D'ailleurs, eft-on bien fûr qu'on n'a-
voit pas des ordres fupérieurs pour agir

---

* Mais le Mémoire & la Confultation n'avoient
point paru ; mais dans les Loix Françoifes les criminels n'ont point d'Avocats pour les défendre ; mais
l'Arrêt ne paffa à la pluralité que de deux voix ; mais
enfin le miniftère public à Paris & à Abbeville n'avoit
conclu à aucune peine capitale : & la Divinité, dans
cette affaire , devoit-elle paroître plus offenfée que
l'ordre public ? On répond toujours à cela avec avan-
tage, que la fentence étoit bien rendue , puifqu'elle a
été confirmée.

dans cette affaire , fuivant toute la rigueur des Ordonnances ? On ne peut
pas dire que ce Juge fe foit empreffé
de rendre fa Sentence, pour ôter aux
accufés , par la précipitation, tous
moyens de fe pourvoir, de fe juftifier
& d'obtenir grace *. On fait le contraire. Le commencement de l'inftruction eft du mois d'Août ou de Septembre 1766 , & l'Arrêt de Juin 1766.
Convenez, Monfieur, qu'il y a de l'imprudence & de la préfomption à blâmer
la conduite d'un Juge fur le feul expofé que fait une des parties intéreffées
dans l'affaire. Il y a même de la témé-
rité , lorfque fon jugement a été entièrement approuvé par un Arrêt.

Les Juges font des hommes comme
les autres, mais plus inftruits des affaires. Ils peuvent fe tromper , il eft vrai;
mais pour les taxer d'avoir prévariqué ,
ou d'avoir mis de la paffion dans leur
jugement, on doit en avoir préalable-

* S'il ne s'eft pas empreffé de condamner , les Avocats ont dit qu'il ne s'étoit pas empreffé non plus
d'abfoudre les trois autres jeunes gens qui ont été
renvoyés purement & fimplement après treize mois de
prifon ou d'exil.

ment les preuves les plus certaines.
Quelques perfonnes peu inftruites ont
voulu faire un crime à M de Soicourt,
de ne s'être pas déporté de l'inftruction
& du jugement de cette affaire. Avant
que de prononcer ainfi, ces perfonnes
auroient dû agiter la queftion, s'il le
devoit, & s'il le pouvoit. Alors, ils
auroient vu qu'effectivement il ne le
pouvoit ni le devoit *. Enfin, lorfqu'on
a une place, on doit en remplir les fonctions : aufli M. de Soicourt qui aimoit fes devoirs, étoit-il d'une exacti-
tude rare à les remplir. Tout Abbeville en a été le témoin pendant près de
trente ans qu'il a exercé fa charge.
Croyez, MM. que fans des motifs très-
forts, il n'auroit certainement pas manqué de fe difpenfer d'inftruire & de juger ce procès qui coûtoit tant à fon
cœur, puifque le fils & le neveu de fes

---

* C'eft à quoi le Mémoire répond qu'*il le devoit*,
puifque fon reffentiment, contre ces perfonnes, avoit
éclaté; puifqu'il avoit écrit d'avance à l'Evêque
d'Amiens contr'eux: & qu'au moins ce qu'*il devoit*,
étoit de choifir des Juges avec lui fur le tableau, &
dans les formes preferites. Nous n'ofons apprécier le
mérite de ces obfervations.

deux meilleurs amis y étoient impliqués *. D'ailleurs, perſonne n'eſt curieux d'inſtruire un procès criminel où
l'on n'a aucune eſpèce de rétribution à
attendre & où la plus petite négligence
la plus petite faute d'inadvertance peut
faire caſſer une procédure, laquelle eſt
recommencée aux dépens du Juge §.
Après ces obſervations qui m'ont paru indiſpenſables, j'entre en matière.
Vous commencez par dire dans votre
feuille : *nous ne ſaurions faire un meilleur uſage de nos fenilles que de les con-
ſacrer a venger l'innocence & à couvrir
les fanatiques & les ſcélérats de honte &
d'opprobre à la face de toute l'Europe.*
Réponſe. Si vous avez eu l'intention de
faire tomber ces qualifications atroces
ſur M. de Soicourt, il faut MM. que
vous ayez été étrangement abuſés. Pour
vous prouver combien il étoit éloigné

---

* Ils ſe ſont évadés tous deux à-propos. De la Barre
a été pris.

§ S'il en eſt ainſi, perſonne ne doit être curieux
d'acheter une charge de Lieutenant-Criminel ou d'Aſ-
feſſeur. Mais puiſque M. de Soicourt aimoit ſes devoirs
dans la ſienne, après trente ans d'exercice, ces incon-
véniens ne devoient plus lui paroître fort à craindre.

(170)

de les mériter, il me suffira de vous ci-
ter ici un fait qui vous fera connoître
le fond de l'ame de ce Magiſtrat. Pluſieurs années après la condamnation de
M. d'Etalonde, il eut une hydropiſie
de poitrine dont il mourut au mois de
Mars 1771 *. Juſqu'au dernier moment, il conſerva ſa préſence d'eſprit;
il avoit reçu tous les Sacremens & attendoit avec la tranquillité d'une bonne
conſcience ſon heure derniere (tranquillité ſi grande qu'*elle étonnoit les
ſpectateurs*), lorſqu'un ami vint le
trouver & lui dit que l'oncle de M.

---

* Nous ſommes loin de vouloir inculper ici en
rien la mémoire de M. de Soicourt. Nous ſavons qu'il
avoit joui juſqu'à ce procès d'une réputation exacte.
Nous n'avons même pas aſſez d'idée de la perverſité
humaine pour oſer adopter tout ce qu'on s'eſt plû à en
faire penſer, & nous nous en tenons à l'Arrêt du Parlement qui l'a juſtifié. Cependant, il eſt de fait que
ce Juge, livré preſqu'entièrement juſqu'alors à la
ſociété de Meſſieurs V... R..... Proteſtans privi-
légiés, donna tout d'un coup, après la mort de la
Barre, dans une dévotion qui ne lui étoit pas ordinaire. On le voyoit fréquenter toutes les Egliſes, aſſiſter
à tous les petits exercices de piété de chaque ſemaine
& de chaque Paroiſſe. Il parut même tomber dans
une melancolie profonde, dont le public, à Abbeville, indiquoit volontiers la cauſe, & qui, ſelon lui,
le mena par dégrès à la mort. Mais qu'eſt-ce que l'o-
pinion publique pour aſſigner la cauſe d'une maladie?

d'Etalonde s'informoit fouvent de fa
fanté, & defiroit le voir, s'il le trouvoit
bon *. Eh ! Monfieur, lui répondit le
mou ant, dites lui que je le verrai avec
plaifir, que j'ai toujours été fon ami,
& le fuis encore, qu'il eft bien douloureux pour moi d'avoir été obligé de
condamner fon neveu. Je vais mourir,
& paroître devant Dieu; j'attefte que
s'il me falloit encore tout-à-l'heure,
prononcer fur cette affaire, je la juge-
rois de même. Peut-être, me trompe-
rois-je ; mais il ne faudroit s'en prendre qu'à mon défaut de lumières. L'oncle vint : les deux amis s'embrafferent.
Ils eurent l'un & l'autre la difcrétion
de ne pas parler du neveu condamné.
L'oncle enfin fe retira ; & M. de Soicourt mourut. Il y a des témoins irré-

* M. de B . . . Chevalier de S. Louis, juftement efti-
mé dans Abbeville par fon affabilité & fes vertus, a
déclaré à la lecture de ces faits, que loin de chercher
à pénétrer chez M. de Soicourt, il y fut au contraire
excité par M. Abraham V . . . R . . . leur ami com-
mun, qui lui dit que M. de Soicourt le defiroit vivement. Ne purent-ils pas être trompés l'un & l'autre
par un médiateur qui vouloit les rapprocher?

prochables & du difcours du Juge * ex-
pirant, & de la fcène attendriffante
qu'on vient d'expofer, laquelle fait au
moins autant honneur à l'oncle de M.
d'Etalonde, qu'à M. de Soicourt.

M. D. D. S. M. N.

Nous croyons bien interpréter : M.
Duval de Soicourt, Moufquetaire noir,
fils du Juge d'Abbeville.

---

* Ce difcours tenu devant un ami Proteftant, ne
dut-il pas le révolter ?

CONCLUSION.

NOus n'avons été jufqu'ici qu'hifto-
rien. Nous avons rendu un compte
fidèle de ce qui a été écrit de part &
d'autre fur un jugement qui a fes apo-
logiftes * & fes adverfaires. Si nous
nous fommes permis quelques remarques, on a dû voir qu'elles n'étoient
dictées que par l'envie d'éclaircir les
faits pour ou contre, & de rendre par-
là témoignage à la vérité. C'eft dans
ces mêmes vûes, que nous allons exami-
ner ici, fi la Jurifprudence dans cette
matière a été du moins conftante & uniforme dans les Tribunaux Français ; fi
elle eft la même dans les divers Etats de
l'Europe ; fi enfin elle eft fondée, quelque part que ce foit, fur un principe
de raifon univerfelle.

---

* L'Auteur d'un *Dictionnaire anti-Philofophique* n'a
cru pouvoir mieux terminer fes preuves en faveur de
la Religion Catholique, qu'en les couronnant d'un
Arrêt qui condamne de la Barre au feu. Cet argument
eft fans contredit très-puiffant & très-anti-Philofo-
phique.

D'abord, l'histoire nous apprend qu'en 1627, le 23 Juillet, un Allemand de la Religion réformée, nommé *Thomas Eildendorf*, mutila à Lyon un Crucifix de bois sur le pont de Saone, que la Commune le mit en prison, qu'il fut déclaré coupable de *lèze-Majesté Divine* ; & condamné a être pendu & étranglé & son corps brûlé sur le pont de Saone, ce qui fut exécuté dès le lendemain 24 Juillet.

Remarquons que le sieur d'Etalonde devoit être brûlé vif, que le Chevalier de la Barre a péri du même supplice que l'Allemand Eildendorf, sans être convaincu du même délit ; car des discours, des chansons, ne sont pas, après tout, aussi punissables que des actes.

Observons encore, que le Conseil provincial & supérieur d'Artois rendit le 19 Février 1767, un Jugement bien plus doux que celui de Lyon & d'Abbeville, contre un malheureux superstieux nommé Savary : *pour avoir escroqué des sommes considérables à un grand nombre de personnes, sous prétexte de leur faire découvrir des trésors, s'être donné pour sorcier, avoir fait plusieurs*

appels

appels du diable en se servant de gri-
moire, en abusant des prières de l'Eglise ;
ce Conseil, dis-je, l'a condamné à faire
amende-honorable, être attaché au carcan pendant deux heures, ensuite être
battu de verges, à baiser une potence,
marqué de trois lettres G. A. L. *& ser-*
vir aux galères à perpétuité; ses biens
confisqués au profit du Roi. Plusieurs de
ses adhérans sont , par le même Jugement, condamnés à des peines propor-
tionnées à leurs crimes.

On sait qu'il n'étoit pas de profanations, d'abus des rites de l'Eglise & des
choses saintes, que ces prétendus sorciers ne se fussent permis dans leurs appels au diable; & si le Juge d'Abbeville, comme on l'a dit, s'étoit fondé ,
contre la Barre, sur le Jugement rendu
dans l'affaire des Vigoureux & de le
Voisin, contre les sorciers, profanateurs, sacrilèges & empoisonneurs, on
voit bien que les Juges d'Arras ne s'y
fonderent pas. Cet Arrêt du Conseil
supérieur fit un étrange contraste avec
la sentence d'Abbeville; mais il fut ap-
plaudi de tous les honnêtes gens, &
avec d'autant plus de raison que l'Artois

I

sembloit être la Province où on devoit
le moins l'attendre, puisqu'il n'en étoit
pas où la forcellerie, la magie euffent
été plus en vogue.

Nous avons enfin une lettre de Fer-
rare en Italie, écrite le 23 Avril 1770,
où on mande ce qui fuit :

,, J'ai connu à Rome des perfonnes
inftruites, &, ce qui eft encore plus
rare, j'ai rencontré des dévots, doux
& humains, révoltés des fcènes barbares & fanglantes que nous avons, en
dernier lieu, données à l'Europe à l'occafion du meurtre juridique de l'innocent & infortuné Calas, & du Jugement non moins inique, rendu contre
les Sirven. Je les ai vus reprendre,
avec aigreur, la conduite de l'Evêque
d'Amiens (la Motte) dont le fanatifme a porté fur l'échaffaut un malheureux jeune-homme dont la faute n'étoit
qu'une étourderie qui méritoit à la
vérité un châtiment civil. On m'a affuré
que le Nonce du Pape, qui étoit alors
à Paris, avoit été indigné de la fentence
de mort prononcée en cette occafion
par un Parlement, ... & qu'il dit
hautement, que l'Inquifition de fon

pays ne fe feroit pas conduite, à beaucoup près, avec tant de rigueur. J'ai
eu lieu, cet hiver, de m'appercevoir
combien on commençoit à s'humanifer
en Italie. Deux gens de la lie du peuple avoient mis à la loterie. Après avoir
invoqué le diable, & épuifé les reffources que la fuperftition & la crédulité
peuvent faire imaginer, ils s'aviferent
enfin de dérober une hoftie, & de l'en-
fermer dans une boëtte, comme un
moyen infaillible de réuffir dans le
gain qu'ils avoient envie de faire. Un
d'eux, agité de troubles & de remords,
tomba malade, & dans le délire avoua
la faute qu'il avoit commife. Le fait
fut vérifié. Ils furent conduits dans les
prifons de l'Inquifition, & condamnés
à *un banniffement de quinze ans*, après
avoir été expofés à la vûe du peuple
fur le portail des Dominicains de la
Minerve, avec un baillon dans la bouche & un écriteau pardevant & parder-
rière. Je ne fais la manière dont ils furent
traités dans les cachots du Saint-Office,
c'eft un fecret que tout le monde igne e;
mais il me parut à leur mine qu'ils n'a-
voient pas fouffert. Nous les aurions,

dans notre pays, tenaillés, roués &
brûlés vifs, parce que nous vantons
d'être beaucoup moins fuperftitieux,
plus polis & beaucoup plus éclairés. Il
eft cependant évident que l'on ne peut
commettre une pareille action, que
par barbarie & par ignorance, & que
la méchanceté ne peut y avoir part.
C'eft ce que paroît avoir fenti le Tribunal des Inquifiteurs, tout odieux,
tout abfurde qu'il eft '.

Il eft donc vrai que la Jurifprudence
n'eft ni fixe ni uniforme dans ces fortes
de procès. ,, Les peines font toujours
arbitraires, dit M. de Voltaire [Queftions fur l'Encyclopédie] ; c'eft un
grand défaut dans la Jurifprudence.
Mais auffi ce défaut ouvre une porte à
la clémence, à la compaffion ; & cette
compaffion eft d'une juftice étroite :
car il ferait horrible de punir un emportement de jeuneffe, comme on punit
des empoifonneurs & des parricides.
Une fentence de mort pour un délit
qui ne mérite qu'une correction, n'eft
qu'un affaffinat commis avec le glaive
de juftice.

,, N'eft-il pas à - propos de remar-

qüer ici que ce qui fut blaſphême dans un
pays, fut ſouvent piété dans un autre ?

,, Un Marchand de Tyr, abordé au
Port de Canope, aura pû être ſcanda-
liſé de voir porter en cérémonie un
oignon, un chat, un bouc ; il aura pu
parler indécemment d'*Isbeth*, d'*Osbi-
reth* & d'*Horeth* ; il aura peut-être dé-
tourné la tête, & ne ſe ſera point mis
à genoux en voyant paſſer en proceſſion
les parties génitales du genre-humain,
plus grandes que nature. Il en aura dit
ſon ſentiment à ſouper, il aura même
chanté une chanſon dans laquelle les
Matelots Tyriens ſe moquaient des
abſurdités Egyptiaques. Une ſervante
de cabaret l'aura entendu ; ſa conſcience
ne lui permet pas de cacher ce crime
énorme. Elle court dénoncer le coupable au premier Shoen qui porte
l'image de la vérité ſur la poitrine ; &
on ſait comment l'image de la vérité
eſt faite. Le Tribunal des Shoen ou
Shotim, condamne le blaſphémateur
Tyrien à une mort affreuſe ; & confiſ-
que ſon vaiſſeau. Ce Marchand était
regardé à Tyr comme un des plus pieux
perſonnages de la Phénicie.,,

I 3

,, *Numa* voit que fa petite Horde de
Romains eſt un ramas de Phlibuſtriers
Latins qui volent à droite & à gauche
tout ce qu'ils trouvent, bœufs, mou-
tons, volailles, filles. Il leur dit qu'il a
parlé à la Nymphe *Egerie* dans une
verne, & que la Nymphe lui a
donné des loix de la part de *Jupiter*.
Les Sénateurs le traitent d'abord de
blaſphémateur, & le menacent de le
jetter de la roche Tarpeienne la tête en
bas. *Numa* ſe fait un parti puiſſant. Il
gagne des Sénateurs, qui vont avec lui
dans la grotte d'*Egerie*. Elle leur parle :
elle les convertit. Ils convertiſſent le
Sénat & le Peuple. Bientôt ce n'eſt plus
Numa qui eſt un blaſphémateur. Ce
nom n'eſt plus donné qu'à ceux qui dou-
tent de l'exiſtence de la Nymphe. ,,

,, Il eſt triſte parmi nous que ce qui eſt
blaſphême à Rome, à Notre-Dame de
Lorette, dans l'enceinte des Chanoines
de San Gennaro, ſoit piété dans Londres,
dans Amſterdam, dans Stockolm, dans
Berlin, dans Copenhague, dans Berne,
dans Baſle, dans Hambourg. Il eſt encore plus triſte que dans le même pays,
dans la même Ville, dans la même rue,

on fe traite réciproquement de blaf-
phémateur ,,.

Cela eft trifte fans doûte. On eft auffi
fâché de voir qu'un procès qui com-
mence par une plainte fur un délit
public, fur une mutilation faite à un
Crucifix, par le coup d'une arme tran-
chante, finiffe par un Arrêt févère où
il n'eft pas queftion de cette mutilation ;
mais de toutes autres impiétés tenues
fecrettes jufque - là, & qui n'ont été
revélées que par l'effet d'un monitoire
qui avertiffoit d'aller dépofer, fur d'*autres actions & difcours impies*, en général, à peine de damnation. On a peut-
étre trop négligé d'obferver dans le
Mémoire des huit Avocats, que fi ce
monitoire étoit vicieux, il s'enfuivroit
que toute la procédure faite fur ce fondement, & d'après lui, le devenoit auffi.
Qu'il n'y avoit point d'inquifition plus
atroce que celle d'un monitoire qui
excitoit aux délations fur des délits qui
n'étoient pas articulés pofitivement, &
qu'on pouvoit interpréter, expliquer
contre fes ennemis de toutes les ma-
nières, *fur des difcours & actions impies.*
Une des maximes qui découlent de l'a-

I 4

nalyſe que j'ai faite de la Religion, dit
J. J. Rouſſeau de Genève , & de ce
qui lui eſt eſſentiel , eſt que les hommes
ne peuvent ſe mêler de celle d'autrui
qu'en ce qui les intéreſſe ; d'où il ſuit
qu'ils ne doivent jamais punir des offenſes * faites uniquement à Dieu , qui
ſaura bien les punir lui-même. *Il faut
honorer la Divinité & ne la venger jamais*, diſent, d'après Monteſquieu, les
Repréſentans ; ils ont raiſon. Cependant les ridicules outrageans, les impiétés groſſieres , les blaſphêmes contre
la Religion ſont puniſſables , jamais les
raiſonnemens. Pourquoi cela ? Parce
que dans ce premier cas on n'attaque
pas ſeulement la Religion , mais ceux

---

* Notez que je me ſers de ce mot *offenſer Dieu*,
ſelon l'uſage, quoique je ſois très-éloigné de l'admettre dans ſon ſens propre , & que je le trouve mal
appliqué ; comme ſi quelque Etre que ce ſoit , un
Homme , un Ange , le Diable même pouvoit jamais
offenſer Dieu. Le mot que nous rendons par *offenſes*,
eſt traduit comme preſque tout le reſte du Texte ſa-
cré , c'eſt tout dire. Des hommes enfarinés de leur
Théologie , ont rendu & défiguré ce Livre admirable
ſelon leurs petites idées ; & voilà de quoi l'on entre-
tient la folie & le fanatiſme du peuple.

Voyez *les Lettres de la Montagne*, premiere Partie.

qui la profeſſent ; on les inſulte, on les outrage dans leur culte, on marque un mépris revoltant pour ce qu'ils reſpectent, & par conſéquent pour eux. De tels outrages doivent être punis par les Loix, parce qu'ils retombent ſur les hommes, & que les hommes ont droit de s'en reſſentir. „

C'eſt donc uniquement par ce mal, que font aux hommes ces outrages, ces impiétés, qu'il paroît qu'il les faudroit juger ; & en cela tous les Philoſophes paroiſſent être d'accord. Nous avons été curieux de conſulter ſur ce ſujet l'inſtruction donnée par l'Impératrice de Ruſſie aux Magiſtrats chargés de la rédaction du nouveau Code des Loix. Nous y avons en vain cherché quelque obſervation générale ſur les crimes de lèze-Majeſté divine : nous n'y avons pas même trouvé ce mot. Cette inſtruction reſpire la tolérance, l'humanité d'un bout à l'autre, elle s'élève avec force contre tous les ſupplices recherchés, contre la peine de mort elle-même. Comment une Souveraine auſſi ſage, auſſi philoſophe, auroit-elle pu ordonner les plus cruels ſupplices contre

I 5

deux jeunes gens, elle qui dit d'abord,
,, que les Loix doivent défendre uni-
,, quement ce qui peut nuire aux indivi-
,, dus & particuliers, ou au bien de la
,, fociété en général ; que ce qui ne con-
,, fifte qu'en de fimples paroles, ne doit
,, jamais être envifagé ici comme un
,, crime ; que c'eft renverfer & confon-
,, dre tout, que de faire des difcours,
,, des crimes qui méritent la mort. Le
,, filence, ajoûte-t-elle, eft quelque-
,, fois plus fignificatif que tous les dif-
,, cours. Une forte reprimande convient
,, mieux pour ces cas-là, que l'accufa-
,, tion de crime de léze-Majefté, qui
,, eft toujours terrible, même à celui qui
,, fe trouve innocent ,,.

C'eft une Souveraine de quinze cens
lieues de pays qui s'exprime ainfi, &
qui écrit : *Nous nous faifons gloire de
dire que nous avons été crée pour notre
Peuple.* Elle fent que la feule accufation de léze-Majefté humaine eft terrible, & au-deffus de tous les difcours
les plus forts. N'auroit-elle pas fenti
combien celle de léze-Majefté divine
étoit encore plus terrible pour ces difcours ? Auroit-elle approuvé qu'on

donnât la torture au Chevalier de la
Barre , pour découvrir fes complices ,
elle qui dit : ,, *Celui qui peut par la vio-*
,, *lence être porté à fe charger lui-même ,*
,, *n'aura pas de fcrupules d'en accufer*
,, *d'autres. D'ailleurs , peut-on dire qu'il*
,, *foit jufte de tourmenter un homme pour*
,, *les crimes d'autrui ?* Le crime eft cer-
,, tain où il ne l'eft pas. Eft-il certain ?
,, Il ne faut donc pas infliger d'autres
,, punitions au crime , que celles que
,, les Loix indiquent pour un tel for-
,, fait : par conféquent la torture eft
,, inutile. Mais fi le crime eft incertain ,
,, il ne faut donc pas donner la torture
,, par cette raifon-là , puifqu'il eft in-
,, jufte de faire fouffrir un innocent ; &
,, que , fuivant les Loix , tout homme
,, eft innocent , lorfqu'on n'a pas prouvé
,, fon crime ,,.

Nous ajoûterons ici : pourquoi vouloir à toute force trouver des complices ,
des coupables par la voie des monitoires
ou par celle des tortures ? en quoi des
difcours inconnus bleffent-ils l'ordre ,
la fociété ?

Comment , fur la feule accufation
d'avoir chanté deux chanfons licencieu-

fes, trois jeunes gens de familles au-
roient-ils pu paroître dans le cas d'être
décrétés de prife - de - corps pendant
treize mois, fuivant ce Code Ruffe,
puifqu'il diftingue entre *arrêter quelqu'un, le garder aux arrêts* pour qu'il
ne s'échappe pas, *le traiter avec autant
de bonté qu'il eft poffible*, & décider
l'affaire le plus promptement, & *le
mettre en prifon* pour le punir; châtiment réfervé pour les crimes reconnus
& prouvés.

C'eft ainfi qu'en ufoient les Romains,
nos maîtres. Ils fe gardoient bien de
plonger d'abord dans un cachot infect
des gens d'une condition honorable,
qui avoient vécu jufque-là fans reproche, bien qu'ils fuffent accufés de con-
jurations même contre la République :
on les donnoit en garde à quelque Magiftrat. La fageffe de ces formes criminelles ne s'altéra qu'avec la confti-
tution de la République ; & le moment
où elles furent tout-à fait oubliées, eft
l'inftant où l'Empire abatardi languif-
foit fous le poids de la tyrannie.

Combien nos Légiflateurs Européens
font loin des vûes philofophiques qui

ont dicté ces principes! L'immortelle
Catherine se demande , *quelle est la*
mesure de la grandeur des crimes? Elle
répond : „ Afin qu'une punition pro-
„ duise l'effet que l'on desire , il suffira
„ que le mal qu'elle cause au criminel ,
„ surpasse le bien ou le profit qu'il s'étoit
„ promis de tirer de sa mauvaise action ;
„ & pour déterminer plus exactement
„ de combien le mal surpasse le bien ,
„ il faut mettre en ligne de compte la
„ certitude de la punition & la perte
„ des avantages qui sont le fruit du
„ crime commis : toute sévérité qui
„ passe ces limites, est inutile, & par-
„ conséquent doit être regardée *comme*
„ *une tyrannie* ".

Ce ne sont pas-là de petites phrases
de nos Jurisconsultes gradués, qui *esti-*
ment pour quelques écus servilement ,
& d'après une douzaine de pesans Auteurs, d'après une Sentence, un Arrêt
qu'ils disent rendus *dans l'espèce*, quel
doit être le Jugement qu'ils doivent
rendre. Quel fruit se promettoient les
jeunes gens d'Abbeville de leurs propos? Quel bien ces propos, ces impiétés devoient-elles leur procurer si

grand & ſi conſidérable, qu'il fallût les
ſupplices les plus affreux pour le ſur-
paſſer? Cela ſeul décideroit en Ruſſie,
ſi leur punition fut ou non la juſte me-
ſure du crime.

Etonnés enfin de ce que les délits
contre la Religion n'entroient pour
rien dans cette nouvelle inſtruction ſur
les loix de la Ruſſie, nous n'avons
trouvé que l'obſervation 204 qui nous
paroît décider le genre de peine à infliger dans les cas où l'impiété & les
outrages à la Religion auroient fait un
ſcandale public. „ Celui qui trouble
„ *ouvertement* le repos public; celui
„ qui s'oppoſe aux loix; celui qui dé-
„ range les moyens qui ont ſervi à
„ réunir les hommes en ſociété, & qui
„ leur ſervent à ſe défendre les uns des
„ autres; celui-là doit être banni de
„ la ſociété, & être regardé comme un
„ membre qu'on a rejetté ". Ainſi avoit
paru penſer l'Inquiſition de Rome, en
condamnant à un banniſſement de
quinze ans, comme on l'a vu, le profanateur d'une hoſtie.

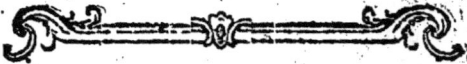

LETTRE

Du Chevalier Baronnet de K***, à Mylord H***.

Le 15 Septembre 1766.

VOus avez lu, Mylord, l'histoire des Missions faites au Japon, à Siam, au Tranquebar, &c; mais vous ne savez sûrement encore ce que c'est qu'une Mission faite dans un Pays Catholique, dans des Contrées où la foi est établie depuis plus de quinze cens ans. Vous serez curieux de l'apprendre : c'est une des particularités les plus remarquables que j'aie à vous raconter de mon voyage de Londres à Paris.

Il est bon de vous dire d'abord, Mylord, qu'il y a des Provinces dans le Royaume que je parcours, des Diocèses où les Missions sont en usage depuis long-tems, & qu'il y en a d'autres où les Evêques en rejettent l'usage, je ne sais pourquoi. Un des grands moyens

de ces Miſſions en général, eſt de peindre le grand Etre facilement offenſé,
vengeur & irrité, de tenir les ames dans
un état continuel d'expiation & de remords, de mener les hommes au ſalut
par la frayeur des ſupplices éternels,
ce qui me paroît, en Religion, être le
même vice qu'on reproche aux Loix
civiles de certains pays, où les Inſtitu-
teurs croient ne pouvoir en établir jamais d'aſſez cruelles pour contenir les
mœurs publiques. Bien des perſonnes
ici ſoutiennent qu'on ne peut ébranler
les eſprits lourds & groſſiers du peuple,
que par ces moyens ; mais pourquoi
l'ébranler, & lui procurer de ces ſe-
couſſes violentes ? Les Curés de France
voient là plûpart, avec déplaiſir, des
Ouvriers Euangéliques appellés de fort
loin, pour travailler deſpotiquement
dans leur vigne ; venir imprimer la dé-
fiance de ſoi-même, les ſcrupules qui
s'attachent à tout, la déſolation du
paſſé, l'inquiétude affreuſe du préſent,
la terreur générale de l'avenir à des
malheureux que leur condition rend
déjà aſſez infortunés, & à qui une mo-
rale douce, humaine, & les loix bien

adminiftrées, fuffifent pour leur bonheur & celui de l'Etat qui les gouverne.

M. de Mach... Evêque d'Amiens,
vint donc à Abbeville par la barque
d'eau, au mois de Juillet dernier, avec
une douzaine de Miffionnaires, la plûpart ex-Jéfuites. Si on en excepte deux
à trois qui fe diftinguerent par le favoir de la Théologie & l'éloquence de
la Chaire, mais fur-tout par une plus
grande connoiffance du monde, les
autres étoient de pauvres Prêtres groffiers. Deux des plus remarquables fe
nommoient l'un *le petit Saint*; l'autre
le petit Jefus. On ne les connoiffoit
guere fous d'autres noms. L'ouverture
de la Miffion fut annoncé la veille par
le fon lugubre de toutes les cloches,
comme le font les enterremens. L'Evêque débuta par un fermon. On apprit
enfuite des Cantiques facrés dont le
recueil imprimé chez l'Etranger, fe
débitoit au profit des Miffionnaires.
Les Corps invités voulurent bien affifter à une Proceffion générale qui n'eut
rien d'extraordinaire. Mais quand cinq
femaines furent paffées en Sermons,
en Conférences, en Retraites & invi-

tations aux Philofophes de la Ville de
venir argumenter , avec promeffe de
répondre à toutes leurs objections,
l'Evêque d'Amiens crut devoir faire
une feconde Proceffion générale où les
Corps invités affifterent encore. On y
vit alors un fpectacle fort ufité dans les
troubles de la ligue en France; mais
dont l'idée s'étoit à-peu-près perdue
depuis. Près de douze cens filles, toutes
vêtues en blanc, & couvertes d'un voile
qui leur cachoit le vifage, portant un
cierge garni de fleurs à la main, pré-
cédoient à cette Proceffion deux par
deux, le Saint-Sacrement que portoient
fix Prêtres dans un arc de triomphe
décoré de la main de plufieurs Dames,
& enrichi de leurs diamans & de leurs
plumes, pofé fur un brancard d'écarlatte richement orné & écuffonné aux
armes du Roi & de la Ville. Quelques
jours après, arrivant la fête de l'Af-
fomption où l'ufage d'une Proceffion
générale eft établi dans toute la France,
la même cérémonie fut répétée; mais
le nombre des Vierges vêtues en blanc,
fut porté de 17 à 1800, & l'on dif-
tingua un nombre confidérable de De-

moiselles bien nées. Une bannière blanche portant l'image de la Ste. Vierge,
marchoit à leur tête. Il fut alors question d'établir une Congrégation ou
Association sous le nom de l'*Immaculée
Conception*, & de rassembler toutes ces
filles sous la bannière blanche qu'on
avoit vue à la Procession. Les Statuts
en étoient rédigées. L'un de ces Statuts
portoit une obligation de fuir la compagnie des jeunes gens; l'autre de ne
jamais aller à la *Portelette*, promenade
agréable dans les dehors d'Abbeville,
où sont quelques guinguettes fréquen-
tées par le peuple *. Les Magistrats
crurent devoir opposer à ce zèle les
Ordonnances du Royaume, qui défen-
doient les associations sous aucun pré-

---

* En n'asservissant les honnêtes femmes qu'à de
tristes devoirs, dit J. J. Rousseau, on a banni du
mariage tout ce qui pouvoit le rendre agréable aux
hommes : à force d'outrer les devoirs, le Christianis-
me les rend impraticables ; à force d'interdire aux
femmes le chant, la danse & tous les amusemens
du monde, il les rend maussades, grondeuses, in-
supportables dans leurs maisons. Mais où est-ce que
l'Evangile interdit aux femmes le chant & la danse ?
Où est-ce qu'il les asservit à de tristes devoirs ? Tout
au contraire, il y est parlé des devoirs des maris ; il
n'y est pas dit un mot de ceux des femmes, &c.

texte de Confrairie ou autrement , fans
une autorifation expreffe du Gouver-
nement. On propofa aufli, dit-on, de
faire porter une vraie tête de mort à
une fille pénitente vêtue en *Magdelaine* :
la Police crut devoir défendre la tête
de mort, qui lui parut être de trop ; &
au furplus, ni les Corps de la Ville, ni
les Religieux d'un Prieuré de la Ville,
ne furent invités, & n'affilterent à cette
troifième Proceffion générale. Elle dif-
féra des deux autres en plufieurs chofes.
Toutes les Vierges vêtues en blanc
& tous les affiftans porterent des croix
au lieu de cierges ; un Chrift neuf deftiné à être mis à la place d'un autre
vieux planté il y avoit plus de foixante
ans dans une femblable miffion, fut
porté fur un brancard par trente - fix
hommes du peuple, la plûpart vêtus
de noir, ayant une ferviette blanche
mife en forme d'écharpe fur l'épaule,
les cheveux épars, les jambes & pieds
nuds, avec une couronne d'épines fur
la tête. Ils étoient à genoux dans la
boue, en tems de pluie, fur ce même
pont où un Crucifix fut mutilé, portant
fur leurs épaules, dans un lit de parade,

le nouveau Crucifix qu'on alloit planter. Ce fpectacle inattendu, dont la
fcène étoit préparée à propos au détour
d'une rue, frappoit déja le peuple d'une
frayeur religieufe & falutaire. Un Mif-
fionnaire adaptoit quelques textes de
l'Evangile à cette fituation, & les répé-
tant à haute voix, le frappoit encore
davantage. Six autres perfonnes, aufli
nues jambes & pieds nuds, les cheveux
épars, portoient des bannières. Une
fille vêtue d'une longue robe rouge
écarlatte & d'un grand manteau verd,
les cheveux aufli épars, repréfentoit la
Madelaine, tenant dans fes bras un
Crucifix fur lequel elle fixoit fa vûe fans
la détourner. Rien n'étoit, dit-on, fi
touchant, que cette jeune perfonne
d'un figure agréable, connue pour avoir
été fuccefñivemént tendre & dévote, &
dont l'air étoit abattu & totalement
pénétré. Je ne vous dirai rien, Mylord,
des Bourgeois, des Soldats fous les armes, des tambours, des violons, des
trompettes qui fe mêloient au chant
des Cantiques Français, répétés par
cette multitude de dix-huit cens vierges qui formoient un tableau frappant,

Un Auteur Français a dit :

De la Religion les Myftères terribles
D'ornemens égayés ne font pas fufceptibles.

La Proceffion s'eft terminée par brûler quelques Livres Français, comme
les Œuvres de Jean-Jacques Rouffeau,
de M. de Voltaire; l'*Hiftoire philofo-*
phique des deux Indes, de l'Abbé Ray-
nal, obtenus des particuliers par la
voie du tribunal de la Pénitence. Un
des valets de l'Evêque d'Amiens s'en
eft rendu l'exécuteur en fa préfence,
pendant que le Prélat béniffoit toutes
les croix des affiftans. Mais cette clô-
ture de la Miffion ne l'a pas terminée.
Pendant quinze jours de fuite, après le
départ des Miffionnaires, le peuple
s'affembloit le foir par Paroiffes, &
marchoit en proceffion, une croix à fa
tête portée, comme ci-devant, par un
homme pieds nuds & les cheveux épars,
accompagné de deux autres dans le
même ajuftement, comme pour repréfenter les deux larrons. Ils reffem-
bloient en effet à des criminels qu'on
mène au fupplice, & qui, les mains
jointes, fixent honteufement le regard

en terre. Des Bourgeois prenoient les armes d'eux-mêmes pour les accompagner & faire régner l'ordre. Toutes ces processions sans Clergé, se prolongeoient fort avant dans la nuit, & passé minuit quelquefois. Elles se croisoient de Crucifix en Crucifix, où elles faisoient leurs stations. La lueur des torches à la faveur desquelles elles marchoient, éclairoit toute la Ville qui en même-tems rétentissoit de leurs chants lamentables, *Parce, Domine, parce populo tuo*, & de Cantiques lugubres répétés par des multitudes de femmes. Le peuple passe si aisément de la dévotion à la superstition, & de la paix au tumulte, que la Police d'Abbeville, après avoir en vain interposé doucement son autorité auprès du Clergé de ces Paroisses, s'est vue obligée enfin de faire défendre à cri public ces attroupemens & ces processions.

F I N.

www.ingramcontent.com/pod-product-compliance
Lightning Source LLC
Chambersburg PA
CBHW070604100426
42744CB00006B/397